Max et

le grand livre-jeux

numéro 4

Jeu de construction

Ça commence !

On veut tout !

Max doesn't like school (1) Max n'aime pas l'école

Soucoupe volante

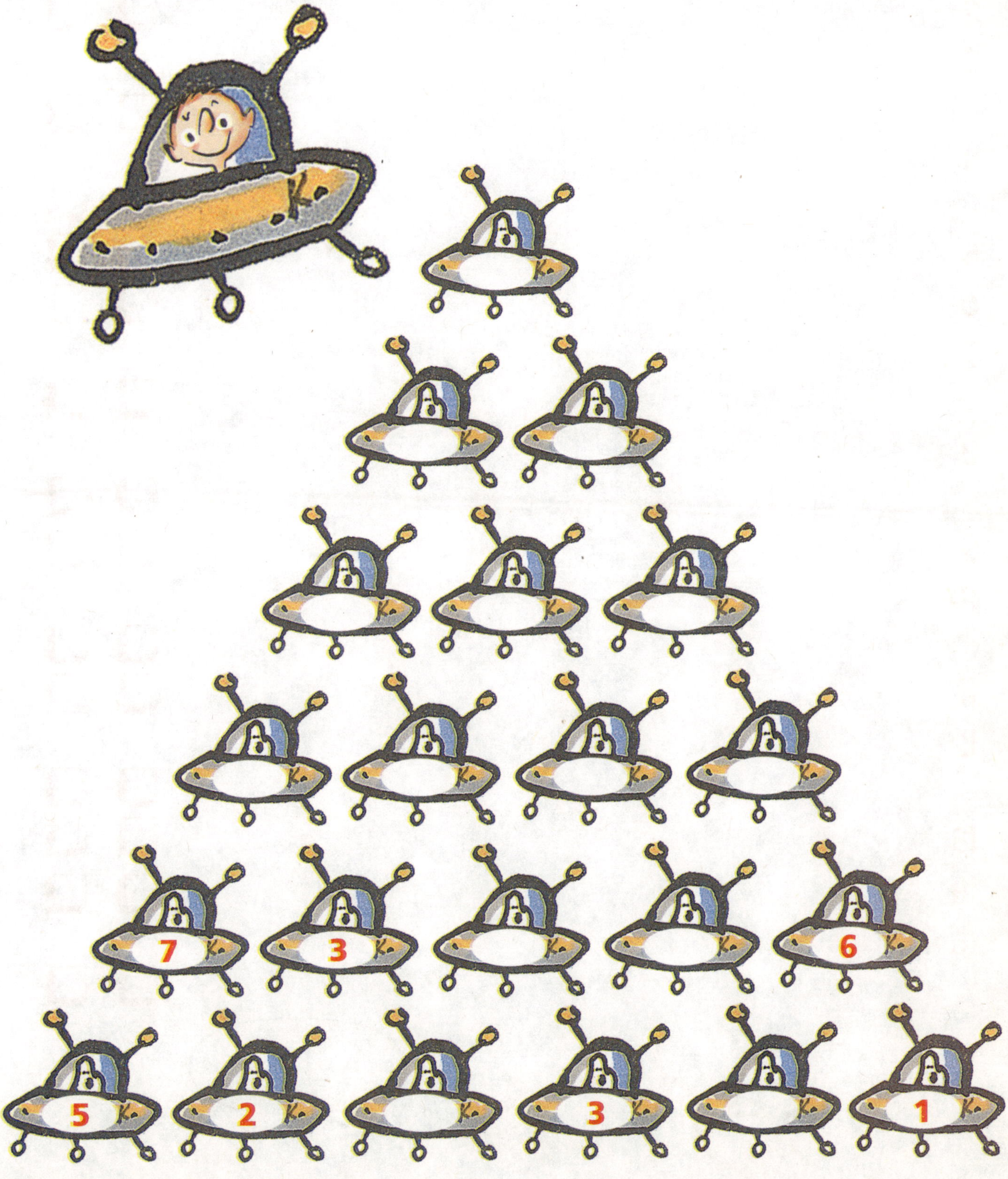

Vrai ou faux ?

1 ☐ ☐
2 ☐ ☐
3 ☐ ☐
4 ☐ ☐
5 ☐ ☐
6 ☐ ☐
7 ☐ ☐
8 ☐ ☐
9 ☐ ☐
10 ☐ ☐
11 ☐ ☐
12 ☐ ☐
13 ☐ ☐
14 ☐ ☐
15 ☐ ☐

Le cousin de Koffi

Bulles déguisées

Lili exagère !

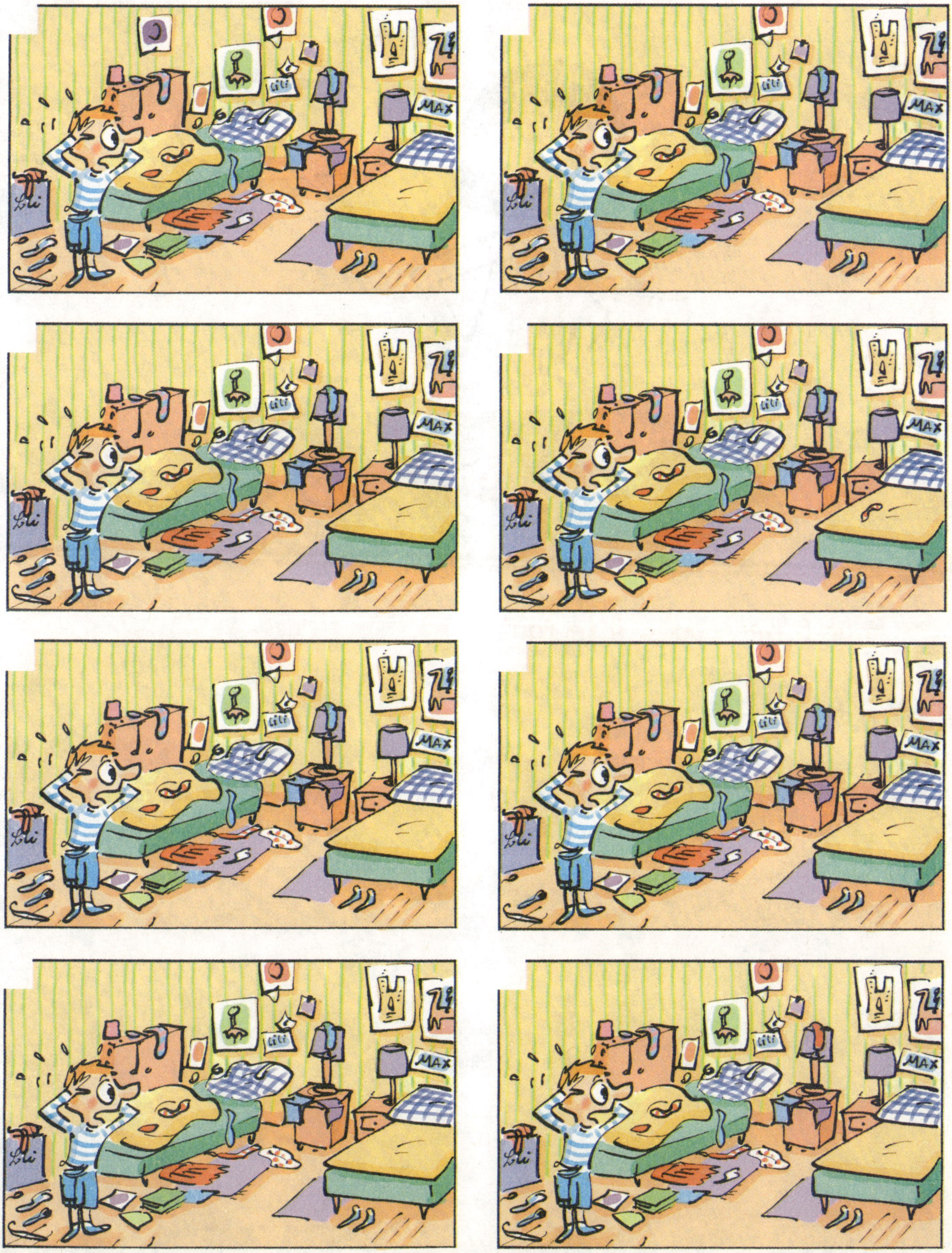

La nougatine

• Pour 6 personnes, il te faut :

• Comment faire ?

Les blagues de Max et Lili

À l'école des jumeaux...

... et des jumelles

Max doesn't like school (2) Max n'aime pas l'école

Au bain !

... Questions...

English Game

Pressée d'être grande !

Super Pompon !

Amis et ennemis

Alex

Arrête de copier !

L'exposé mystère de Lili

O	G	N	R	E
A	I	E	V	A
L	H	C	T	L
C	A	T	R	D
I	N	A	B	E

Sorci-Lili

Des chiffres ou des lettres

Foot à huit

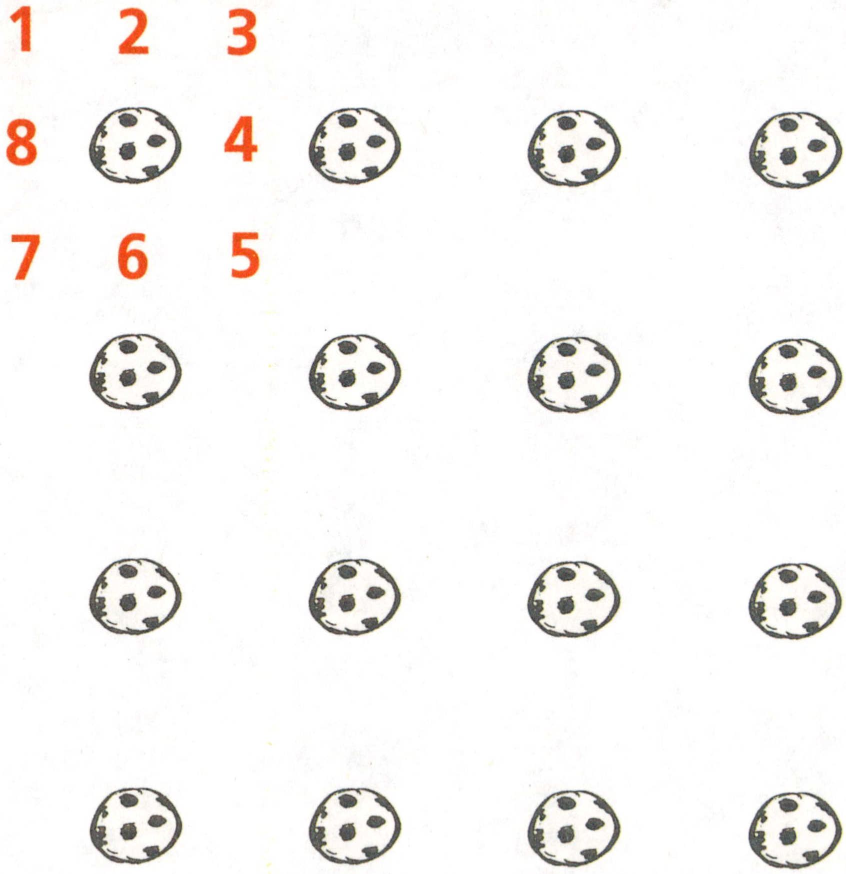

Je dessine Pluche

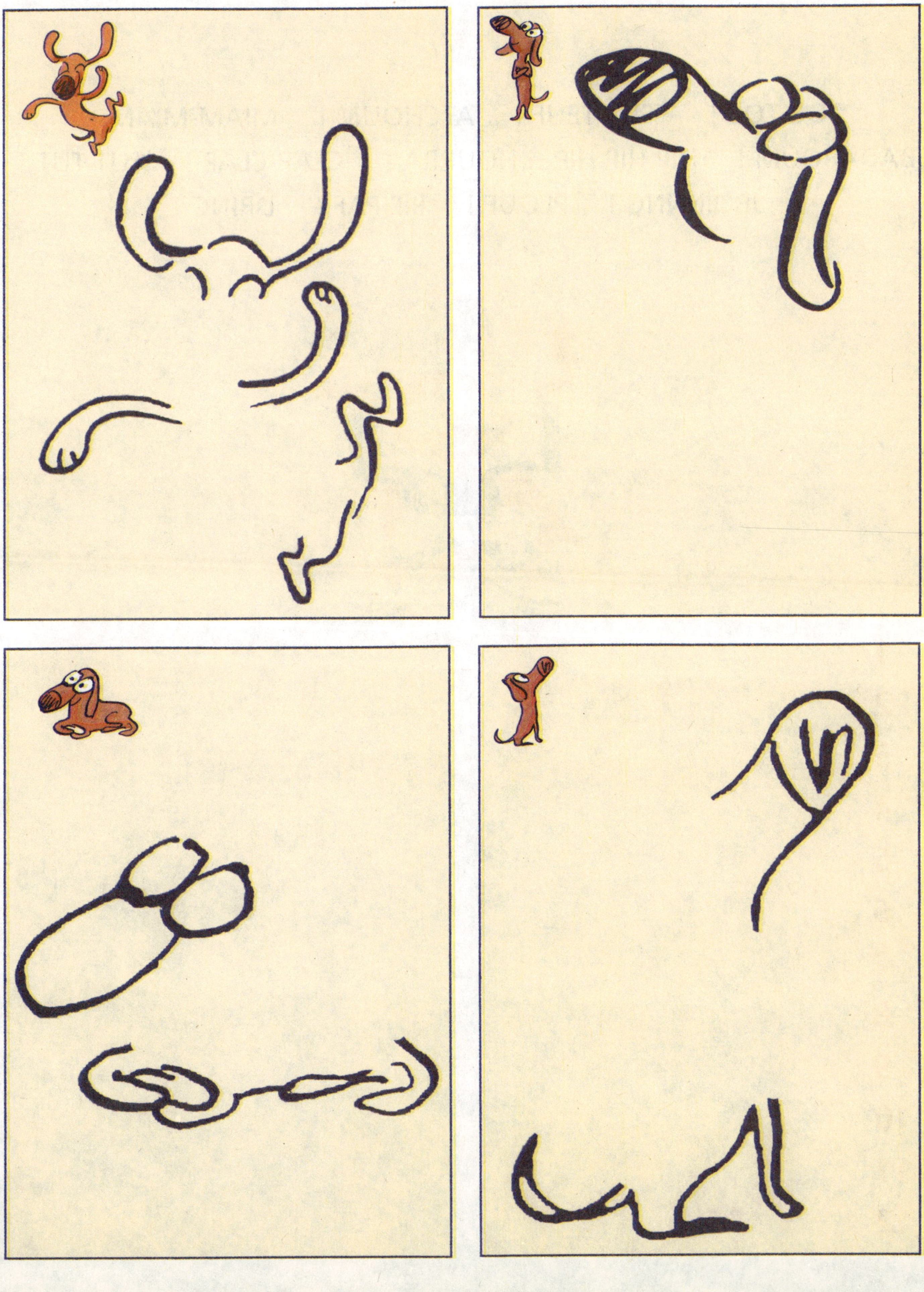

Onomatopées !

TOC-TOC ! TEUF-TEUF ! ATCHOUM ! MIAM-MIAM !
BADABOUM ! HIP HIP HIP… HOURRA ! CLAP-CLAP ! TUT-TUT !
JBOINNNG ! PLOUF ! PIF PAF ! DRING !

1
2
3
4
5
6
7
8
9
10
11
12

Mots cassés

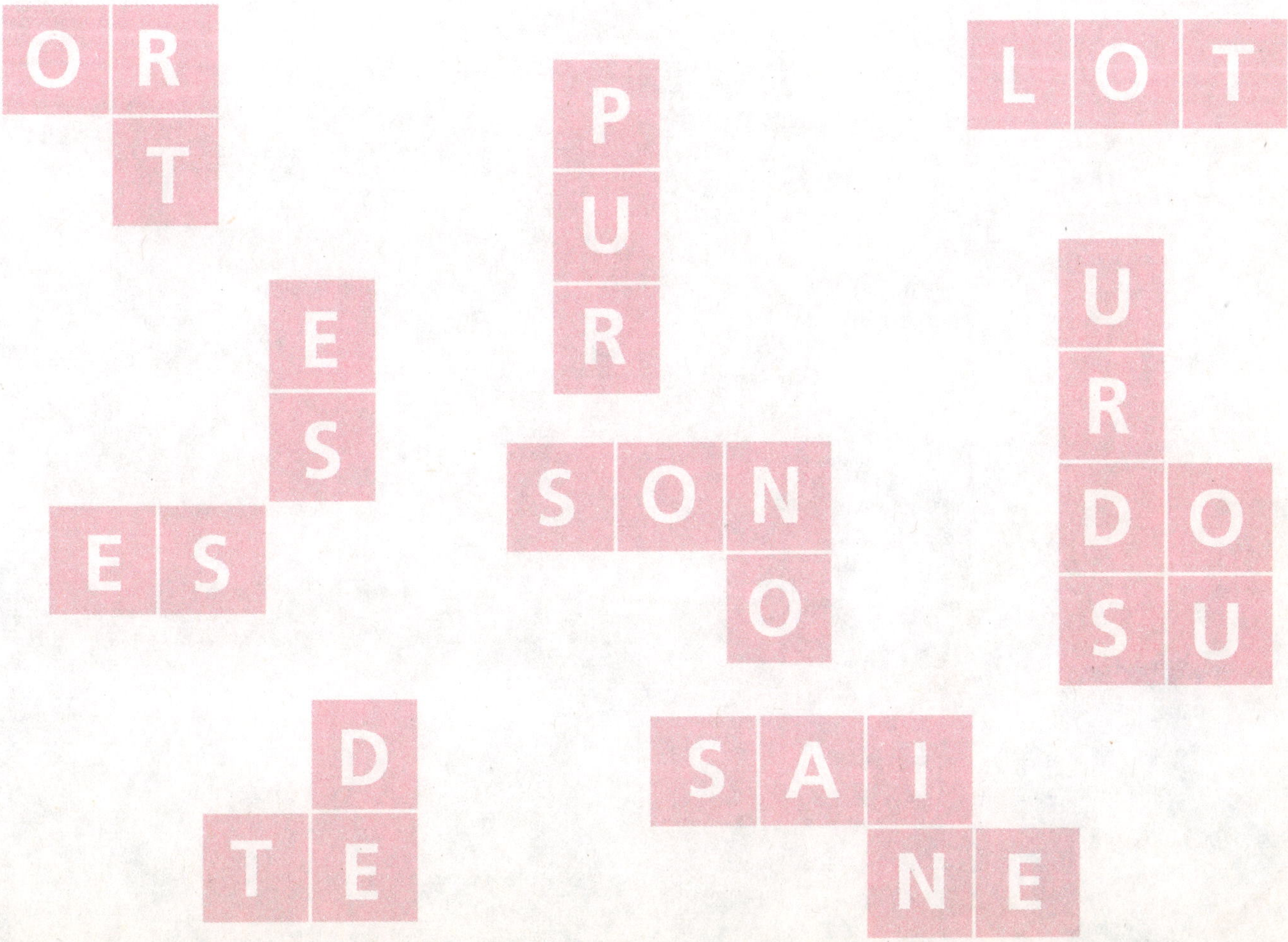

Max et Lili

M	A	X	E	T	L	I	L	I	M	M
A	A	I	M	A	X	I	M	I	A	I
X	I	X	L	I	L	I	L	X	X	I
E	I	I	E	I	I	I	E	I	E	I
T	A	X	I	T	L	T	A	A	T	M
L	I	I	A	T	L	A	A	A	L	A
I	L	X	E	I	A	I	M	X	I	X
L	M	X	L	L	I	T	L	I	L	E
I	A	I	X	I	A	I	I	I	I	T
M	X	A	A	L	I	L	X	A	I	L
I	E	I	L	T	X	I	A	I	L	I
L	T	L	L	E	L	L	I	L	I	L
I	L	M	A	X	E	T	L	I	L	I
L	I	A	I	A	I	E	I	L	T	M
T	L	X	I	M	A	X	I	T	E	A
E	I	L	I	L	I	A	I	E	X	X
X	M	A	X	X	A	M	I	X	A	M
A	I	L	I	L	T	E	X	A	M	A
M	A	X	L	I	L	I	L	M	A	X

Ça déménage

Range ta chambre !

Max doesn't like school (3) Max n'aime pas l'école

Laby-bliothèque

Pluche, le chien

À toi les bulles !

Qu'est-ce que c'est ?

Déjà Noël !

Les œufs cocotte

• Pour 4 personnes, il te faut :

• Comment faire ?

Astuce :

Sois l'auteur !

« Chacrobate »

1 24

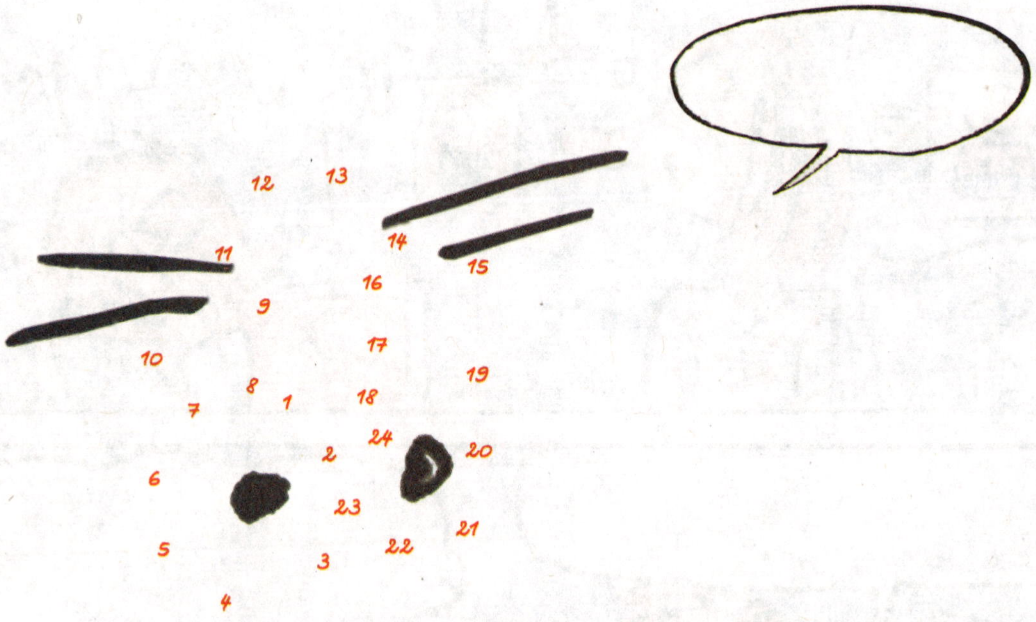

C'est le bouquet !

Max doesn't like school (4) Max n'aime pas l'école

Quel est le code ?

Mix et Lala

Max et Lili

... sauf le premier. Retrouve le titre de chaque livre et écris-le.

A

B

C

D

E

F

G

H

I

J

K

L

M

N

O

P

Q

R

S

T

U

V

W

X

Y

Association « verts de terre »

Aide Lili à écrire un slogan ou à dessiner une affiche pour protéger la nature.

Émotions croisées

Trouve les mots qui manquent dans les phrases
et place-les dans la grille.

HORIZONTALEMENT

A. Max a été abandonné par ses amis.
Il se sent ....
Max est couvert de cambouis, il est ....

B. Max adore Juliette, il est ....

C. Lili ne parle plus en classe, elle est ....

D. Max a fait tomber son marteau, il est ....

E. Max a fait zéro faute, il est .... en dictée !

F. Marlène adore les bonbons, elle est ....

G. Max a raté son contrôle, il se trouve ....

H. Max a gagné son match, il est ....

I. Max se sent .... comme un renard !

J. Lili a perdu son chien, elle est ....

VERTICALEMENT

1. Lili est toute mince, elle se trouve trop ....

2. Lili s'est disputée avec Hugo, elle est ....

3. Marlène a trop mangé, elle se sent ....

4. Lili dit trop de gros mots, elle est ....

5. Lili n'en revient pas, elle est ....

6. Max raconte des bobards, il est ....

7. Max aime bien se battre, il est ....

Quel cirque !

Dans la bulle de Max et de Lili, chaque chiffre correspond à une lettre. Découvre d'abord le code secret puis déchiffre les 2 bulles.

A = 26
B = 25
C =
D =
E =
F = 21
G =
H =
I =
J =
K = 16
L =
M =
N = 13
O = 12
P = 11
Q =
R =
S = 8
T =
U =
V =
W = 4
X =
Y =
Z = 1

25.9.26.5.12 11.26.11.26
12.13 15.22 7.18.22.13.7
13.12.7.9.22 13.6.14.22.9.12
23.22 24.18.9.10.6.22

18.15 22.8.7
26.6.8.8.18 7.9.22.8
17.12.6.22.6.9
13.12.7.9.22
11.26.11.26

Les chemins de l'amour !

Sauras-tu trouver, comme Lili, le chemin de l'amour ?

À la mode de chez nous !

Trouve le mot qui vient logiquement à la suite de chaque groupe de mots. Aide-toi de cette liste :

~~Table~~ – kangourou – spectacle – urgent – oiseau – avancer – vent – ongle – logement – œuf – notes – médiocre

Tiroir – Pied – Nappe – TABLE

Aller – Marcher – Traîner – ....

Ballet – Danse – Parade – ....

Souffle – Mistral – Air – ....

Immédiatement – Pressé – Rapide – ....

Modeste – Faible – Maigre – ....

Blanc – Coquille – Jaune – ....

Mi – Fa – Sol – ....

Hôtel – Caravane – Maison – ....

Ciseaux – Lime – Vernis – ....

Plume – Bec – Œuf – ....

Poche – Australie – Animal – ....

T	'														?

Écris dans les cases les premières lettres des mots que tu as trouvés et tu sauras ce que Lili dit à Clara.

Cousin Victor

Retrouve la bonne ombre de Victor.

1

2

3

4

5

6

7

8

Vrai ou faux ?

Réponds par vrai ou faux à ces informations sur les animaux de la ferme.

		vrai	faux
1	Le taureau est excité par la couleur rouge.	❑	❑
2	Le chat voit dans le noir.	❑	❑
3	Les lapins sont des rongeurs.	❑	❑
4	La vache possède 4 estomacs.	❑	❑
5	Le coq chante pour réveiller la ferme.	❑	❑
6	La chèvre et le mouton bêlent.	❑	❑
7	Les chats retombent toujours sur leurs pattes.	❑	❑
8	Le goret est le petit du cochon.	❑	❑
9	Le cheval ne se couche que lorsqu'il est malade.	❑	❑
10	Le lapin piaille.	❑	❑
11	Le bœuf est le mâle de la vache.	❑	❑
12	Le canard caquette.	❑	❑
13	Le chien entend deux fois mieux que l'homme.	❑	❑
14	Les chatons ont un nombril.	❑	❑
15	La vache donne du lait dès l'âge de 1 an.	❑	❑

Faut aider papa !

Lis cette histoire et remets les vignettes dans l'ordre de 1 à 9.

1

5

Histoire d'os

Chaque os doit être entouré de huit chiens différents, numérotés de 1 à 8.

1	8	7			5	1		4
2		6		2				3
3	4	5		3		7	2	8
		1						
7			7	8		5		4
8						1		2
4		3	5	6		7	6	
		1						
2	7			4	8	5	3	4

Je dessine Pompon

Complète ces silhouettes de Pompon.

Matière grise !

Trouve la bonne couleur pour compléter ces expressions.

1 – Max et Lili prennent la vie du bon côté.
Ils voient la vie en ....
a. rose
b. jaune
c. noir

2 – Paul a des soucis.
Il se fait des cheveux ....
a. rouges
b. gris
c. blancs

3 – Max n'est pas très content.
Il rit ....
a. vert
b. violet
c. jaune

4 – Lili est très en colère.
Elle se fâche tout ....
a. vert
b. rouge
c. noir

5 – Barbara est douée pour s'occuper des plantes.
Elle a la main ....
a. verte
b. blanche
c. rose

6 – Max n'arrête pas de changer d'avis.
Il passe du ....
a. rose au rouge
b. jaune au orange
c. blanc au noir

7 – Lili s'est fait avoir !
Elle est ....
a. marron
b. blanche
c. chocolat

8 – Max est innocent.
Il est .... comme neige
a. noir
b. rouge
c. blanc

9 – Lili a eu très peur.
Elle a eu une peur ....
a. bleue
b. noire
c. rouge

10 – Paul a beaucoup de travail.
Il va passer une nuit ....
a. rose
b. mauve
c. blanche

11 – Lili n'est pas contente
Elle fait .... mine.
a. violette
b. grise
c. blanche

12 – Max ne comprend plus rien.
Il est dans le .... le plus complet.
a. noir
b. marron
c. violet

OUUUH, j'ai mal !

Toutes les voyelles ont été oubliées dans ces bulles.
Sauras-tu les compléter ?

On the beach !

Pour découvrir comment se disent ces mots en anglais, suis le fil de chacun, colorie d'une même couleur les lettres que tu rencontres et inscris-les dans les cases au bout du fil.

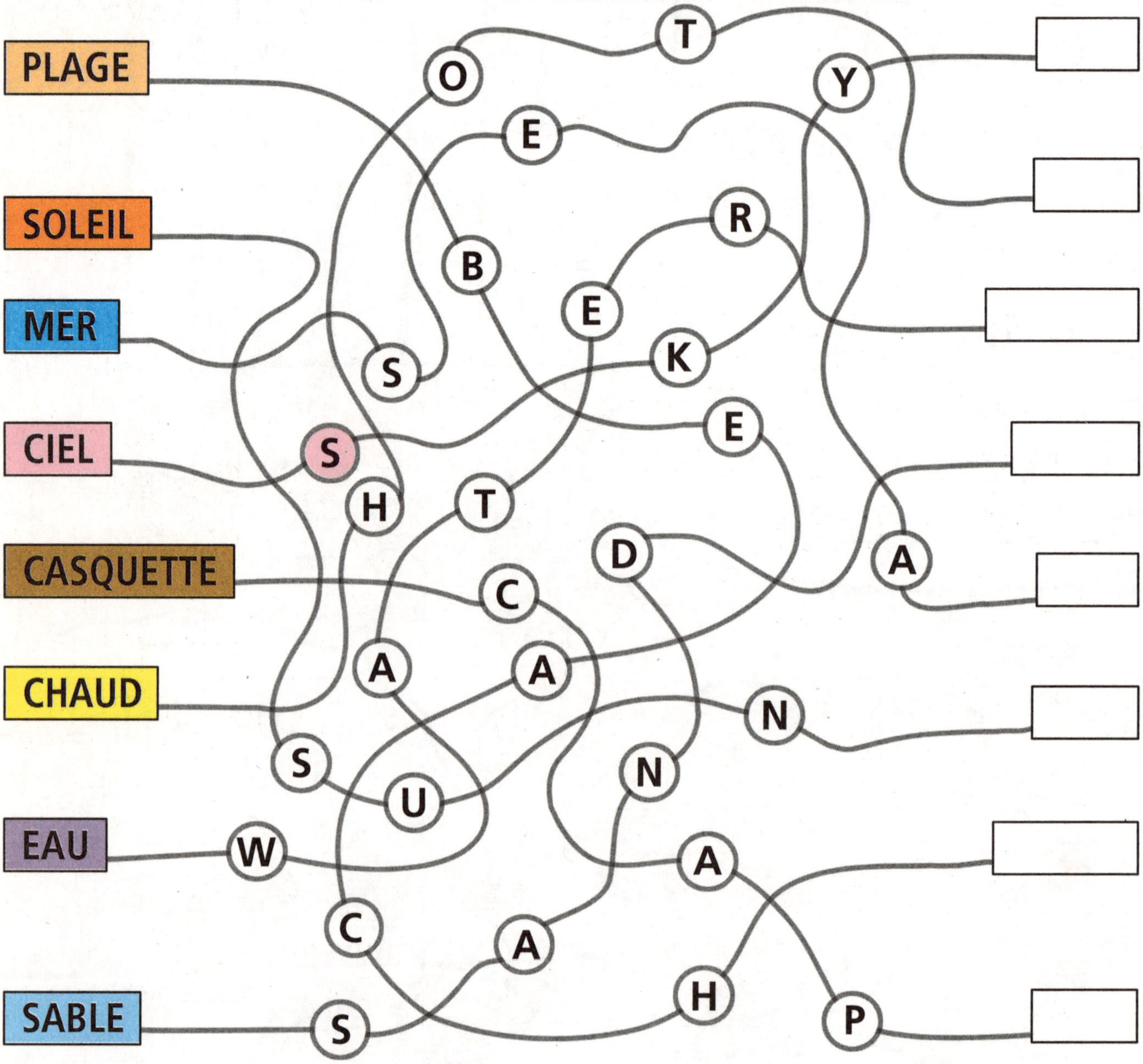

Les deux copines !

2 images seulement sont identiques, lesquelles ?

1

2

3

4

5

6

7

8

Les puces de Pluche

On joue à 2 minimum. Chaque joueur prend un pion et se place sur la case A du départ.

On peut être à plusieurs sur la même case. Les joueurs jettent le dé chacun à leur tour. Quand le joueur fait 5, la puce saute sur A5, quand il fait 2, la puce saute sur A2. Dès que le joueur fait 6, il saute sur la lettre suivante B1. Quand il fait 3, la puce saute sur B3. 2, elle saute sur B2. Dès que le joueur fait de nouveau 6, la puce passe sur la lettre suivante C1 et ainsi de suite en passant par D1 et E1. Le gagnant est celui qui arrive le premier à F, la fin !

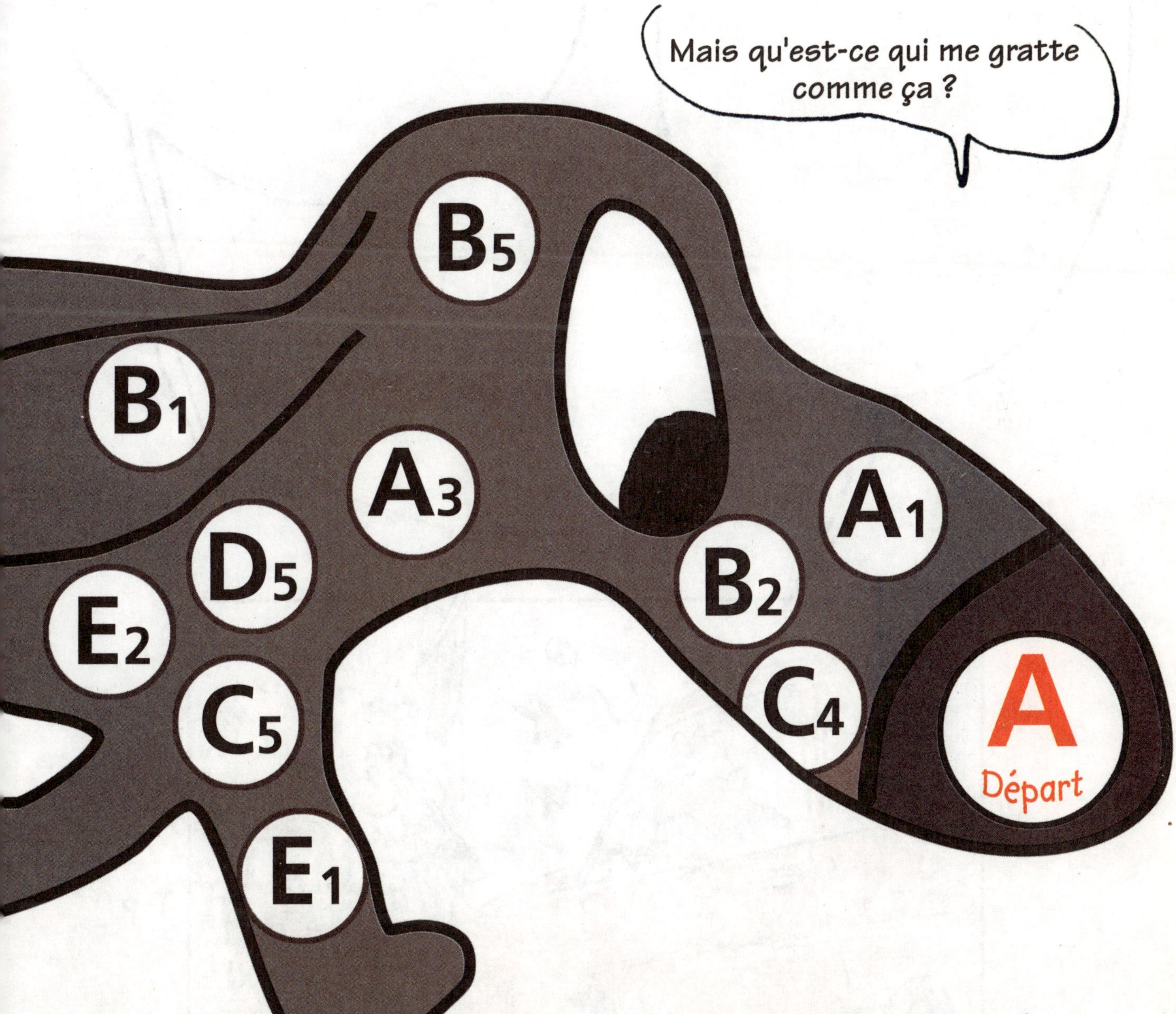

Game over

Imagine, en texte ou en dessin,
la réaction de l'automobiliste et des deux passants.

Jeu à points

Relie les points de 1 à 87 et tu découvriras
qui se cache derrière cette image.

Max doesn't like school (5) Max n'aime pas l'école

Colorie cette histoire de Max et Lili en anglais. Lis la traduction en dessous.

1

<u>Maîtresse</u> : Juliette et Victor, c'est votre tour de nettoyer la cage du lapin.

<u>Élèves</u> : Attention ! Oh ! Il s'échappe ! Vite ! Ne criez pas !

2

<u>Élèves</u> : Il est fou, ce lapin, il m'a griffée !

<u>Max</u> : Il n'est pas fou ! Il est affolé parce qu'il a peur.

<u>Max</u> : Viens, mon vieux... Voilà, tout doux !

3

<u>Max</u> : Ses griffes poussent tout le temps, mais là, il ne les use pas comme dans la nature. Alors il faudrait les lui couper.

4

<u>Élève</u> : Nous, on va jouer aux billes, Max !

<u>Maîtresse</u> : Max, tu as été formidable ! Tu sais bien t'y prendre avec les animaux !

<u>Max</u> : Je m'entends bien avec eux.

(suite page 82)

Ça clignote !

Ces boules se suivent par 10, la première est rouge, la dixième est vert foncé. Trouve la couleur des boules restées blanches et colorie-les.

L'affiche de Lili

Barre dans la grille ci-contre les mots indiqués par les 12 instructions ci-dessous. Complète l'affiche que Lili a faite pour la kermesse de l'école avec les mots non barrés.

1. Dans la colonne **2**, barre tous les nombres pairs.
2. Dans la rangée **C**, barre les noms de légumes.
3. Dans les colonnes **3**, **5** et **6**, barre les prénoms de filles.
4. Un même mot apparaît **4** fois, barre-le.
5. Dans les rangées **A** et **G**, barre les mots de 5 lettres.
6. Dans la colonne **3**, barre les noms d'animaux.
7. Barre tous les mots qui commencent par **K**.
8. Dans la rangée **H**, barre les noms de jeux.
9. Dans les colonnes **1**, **4** et **6**, barre les mots qui veulent dire « beau ».
10. Dans les rangées **D**, **F** et **G**, barre les noms de véhicules.
11. Dans la rangée **E**, barre les mots commençant par **E**.
12. Dans la colonne **5**, barre un mot qui contient 3 fois la même lettre.

	1	2	3	4	5	6
A	Merle	Une	Chat	Magnifique	Table	Tourniquet
B	Képi	Deux	Poisson	École	Valentine	Pour
C	Radis	Dix	Les	Haricot	Tourniquet	Kilo
D	Kiwi	Camion	Marlène	Filles	Lili	Joli
E	Une	Huit	Chien	Kayak	Elfe	Étable
F	Superbe	Tourniquet	Cantine	Locomotive	Voiture	Sarah
G	Tracteur	Bus	Perle	Ravissant	Pour	Bâton
H	Cache-cache	Quatre	L'	Jokari	Rototos	Clara
I	Tourniquet	Cent	Crocodile	Koala	École	Éblouissant

Vive les champions !

Pour savoir pourquoi Max est content, suis le chemin rouge et écris au fur et à mesure les lettres rencontrées dans la bulle du bas.

O	U	A	S	R
H	S	I	T	Z
N	O	K	O	P
A	G	A	G	R
I	F	A	N	B
M	E	L	E	R
A	T	C	E	T
V	E	H	R	O
W	D	F	R	U

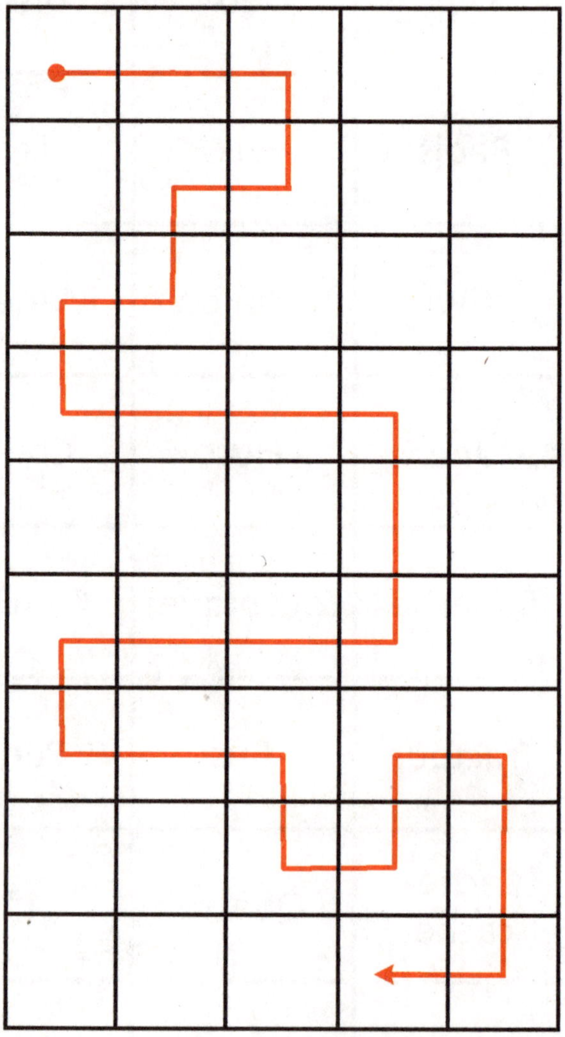

Partie de dragons

Distribue les dragons à Max, Jérôme, Juliette, Marie et Kim en suivant les instructions.

- Le dragon de Juliette a plus de 3 dents.
- Le dragon de Jérôme a moins de 5 dents.
- Le dragon de Kim a plus que 2 ailes.
- Les dragons jaune et bleu appartiennent à Max et Jérôme.
- Le dragon de Marie a moins de 5 dents et plus que 3 dents.
- Le dragon de Juliette n'est pas orange.

Un froid de canard !

Trouve le nom de l'animal pour compléter ces expressions.

1 – Lili a mal à la gorge.
Elle a un .... dans la gorge
a. chat
b. loup
c. hérisson

2 – Max sent très mauvais !
Il sent le ....
a. porc
b. bouc
c. putois

3 – Lili est de très mauvaise humeur.
Elle est d'une humeur de ....
a. cochon
b. lion
c. tigre

4 – Max n'arrête pas de changer d'idées.
Il passe du ....
a. coq à la poule
b. cheval à la jument
c. coq à l'âne

5 – Lili est très fatiguée.
Elle bâille aux ....
a. alouettes
b. corneilles
c. abeilles

6 – Lili ne mange pas beaucoup.
Elle mange comme un ....
a. moineau
b. escargot
c. lapin

7 – Max écrit très mal.
Il a une écriture de ....
a. pattes de singe
b. pattes de crabe
c. pattes de mouche

8 – Max est tout joyeux.
Il est gai comme un ....
a. perroquet
b. pinson
c. papillon

9 – Lili veut connaître le secret de Max.
Elle va lui tirer les .... du nez
a. cafards
b. vers
c. asticots

10 – Max parle mal français.
Il parle français comme une .... espagnole
a. vache
b. pie
c. perruche

11 – Lili s'ennuie.
Elle s'ennuie comme un .... mort.
a. crabe
b. chat
c. rat

12 – Max avertit Lili.
Il lui met la .... à l'oreille.
a. mouche
b. puce
c. taupe

On va se baigner ?

Trouve les 10 différences entre ces 2 images.

Vrai ou faux ?

Réponds par vrai ou faux à ces informations sur les insectes.

		vrai	faux
1	L'abeille vole à 25 kilomètres à l'heure.	❑	❑
2	Les araignées sont des insectes.	❑	❑
3	Seuls les moustiques femelles piquent.	❑	❑
4	La fourmi peut porter 50 fois son poids.	❑	❑
5	La luciole fait de la lumière.	❑	❑
6	La libellule vole à 50 kilomètres à l'heure.	❑	❑
7	Les insectes ont un corps formé de trois parties.	❑	❑
8	La guêpe est plus grosse que l'abeille.	❑	❑
9	La mouche marche au plafond grâce à des ventouses qu'elle a au bout des pattes.	❑	❑
10	La puce peut sauter 10 fois sa longueur.	❑	❑
11	Le mille-pattes a 12 paires de pattes.	❑	❑
12	Un pou commence à se reproduire à l'âge de 10 jours.	❑	❑
13	La coccinelle a une carapace.	❑	❑
14	Le citron de Provence est un papillon.	❑	❑
15	Le tabac d'Espagne est un papillon.	❑	❑

Les blagues de Max et Lili

Je dessine Max et Lili

Complète les silhouettes de Max et Lili.

On se calme !

Pour savoir de quoi Nicolas traite Max, barre les lettres identiques que tu trouves dans les lignes horizontales et verticales. Puis inscris les lettres qui restent dans les cases blanches dans l'ordre des chiffres.

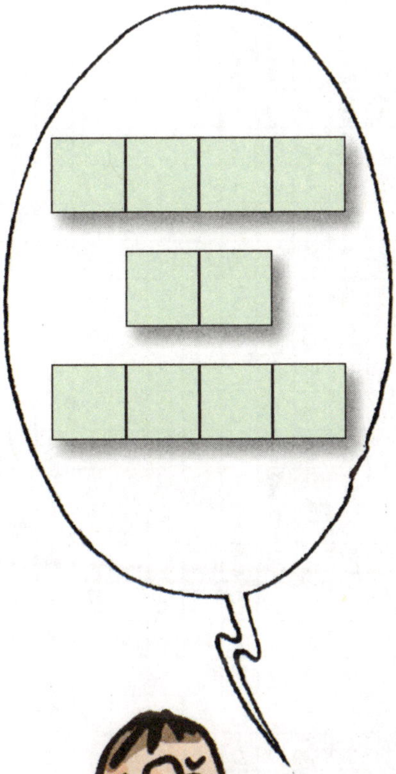

1	K	T	M	K	E	R
2	A	G	Y	T	Y	A
3	E	I	M	I	D	J
4	F	E	L	N	P	R
5	Q	S	V	B	S	V
6	O	Z	X	H	X	Z
7	F	G	U	N	P	J
8	Q	W	L	H	C	W

Des chiffres ou des lettres

Pour savoir ce que dit Pompon, colorie les cases qui contiennent un numéro **1** dans la bulle.

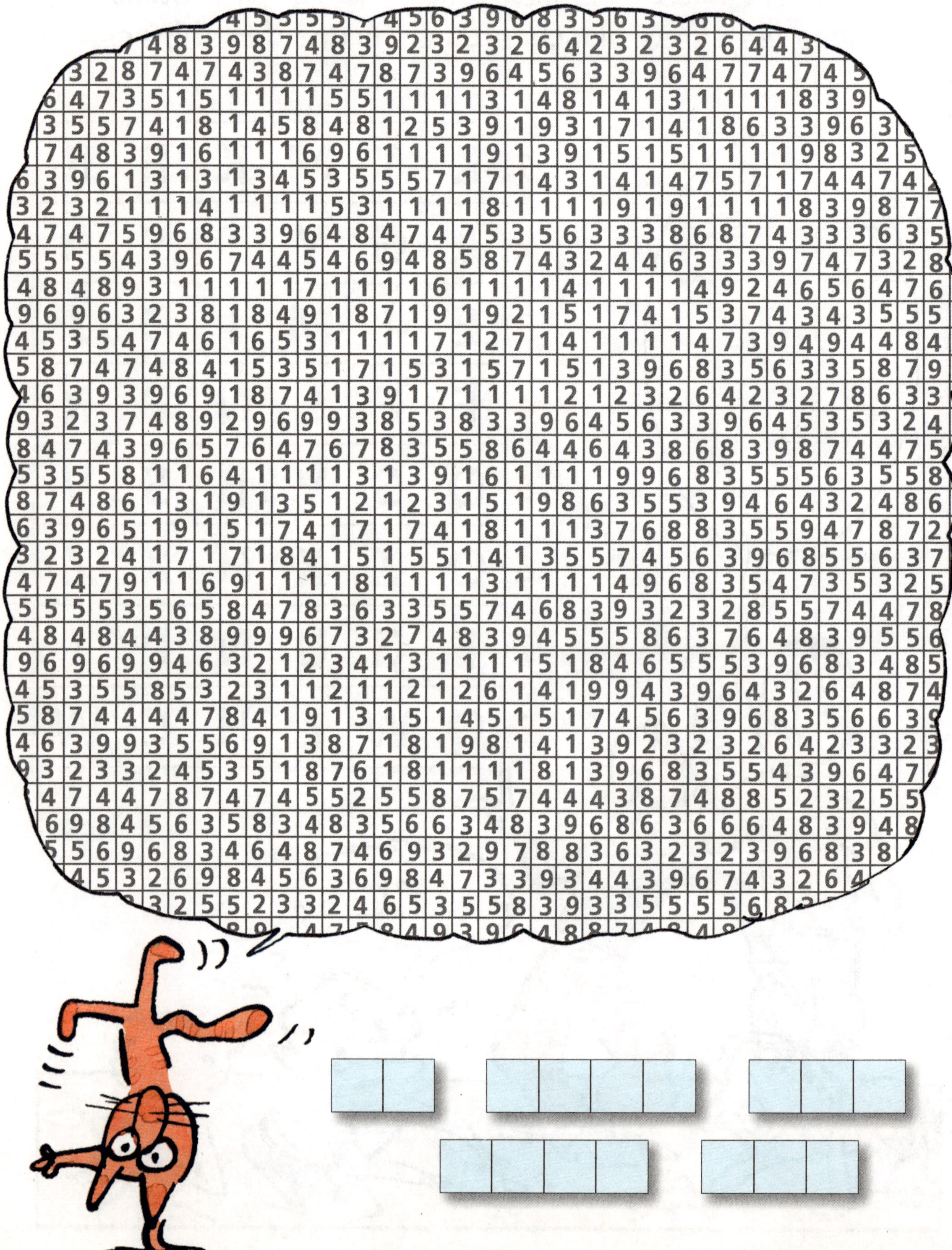

Au voleur !

Le voleur que Max cherche est le seul qui n'a pas son double.

Max doesn't like school (6) Max n'aime pas l'école

Colorie cette histoire de Max et Lili en anglais.
Lis la traduction en dessous.

1

Max : Moi, je me sens souvent comme le lapin à l'école...
Maîtresse : Comment ça ?
Max : Dès que vous m'interrogez, je m'affole... et j'ai l'impression que vous me détestez.

2

Maîtresse : Pas du tout, Max ! Mais, parfois, j'ai l'impression que tu te moques de moi, et je suis découragée...
Max : Moi aussi, je suis découragé...

3

Maîtresse : Heureusement qu'il y a eu le lapin...
Max : Oui, sinon je n'aurais jamais osé vous parler. C'est la première fois que vous me dites que ce que je fais est bien.
Maîtresse : On va faire des efforts tous les deux.

4

Max : Bon, je vais en récré !
Maîtresse : N'oublie pas de rappeler à tes parents qu'il y a une réunion demain.

(suite page 98

Pluche et Pompon

Cette grille comporte 10 fois le mot Pluche et 10 fois le mot Pompon. Cherche-les dans tous les sens.

P	L	U	C	H	E	P	O	P	L	U	C
O	O	P	O	U	H	O	P	U	U	E	O
M	U	U	O	P	O	P	L	U	C	H	E
P	O	M	P	O	N	O	U	U	P	C	U
O	L	N	L	O	U	O	C	O	L	U	P
N	O	U	U	L	O	E	H	C	U	L	P
O	O	U	C	U	O	O	E	U	C	P	O
U	P	L	H	H	P	N	U	U	H	O	M
O	U	U	E	O	E	O	O	U	E	O	P
N	O	P	M	O	P	O	P	P	U	O	O
P	U	O	P	O	U	O	O	E	M	P	N
O	O	M	U	L	M	O	U	H	O	O	U
M	U	P	O	P	O	H	O	C	C	M	P
P	O	O	O	U	E	H	C	U	L	P	O
O	H	N	U	O	U	U	O	L	C	O	C
N	U	O	N	O	P	M	O	P	C	N	C

La honte !

Trouve l'intrus dans chaque série ci-dessous, puis inscris sa première lettre dans la case correspondante. Tu trouveras de quoi les filles traitent Max.

1	2	3	4
Clara	Bête	Dollar	Gnome
Oscar	Malin	Euro	Ogre
Lili	Futé	Franc	Élève
Marlène	Intelligent	Suède	Fée

5	6	7	8
Sens interdit	Grippe	Saucisse	Yes
Stop	Épée	Tulipe	Encore
Déjeuner	Rougeole	Arbre	No
Piste cyclable	Varicelle	Fougère	Happy

9	10	11	12
A	Unique	Docteur	Lire
X	Beaucoup	Dentiste	Rougir
E	Nombreux	Entrepreneur	Noircir
O	Cent	Psychologue	Blanchir

1	2	3	4	5	6

7	8	9	10	11	12

Marlène

Retrouve la bonne ombre de Marlène.

Le plan de Pluche

Pluche a caché ses os dans le jardin. Il a dessiné un plan pour ne pas oublier l'emplacement de ses trous. Mais son plan est-il juste ? A-t-il oublié des os ?

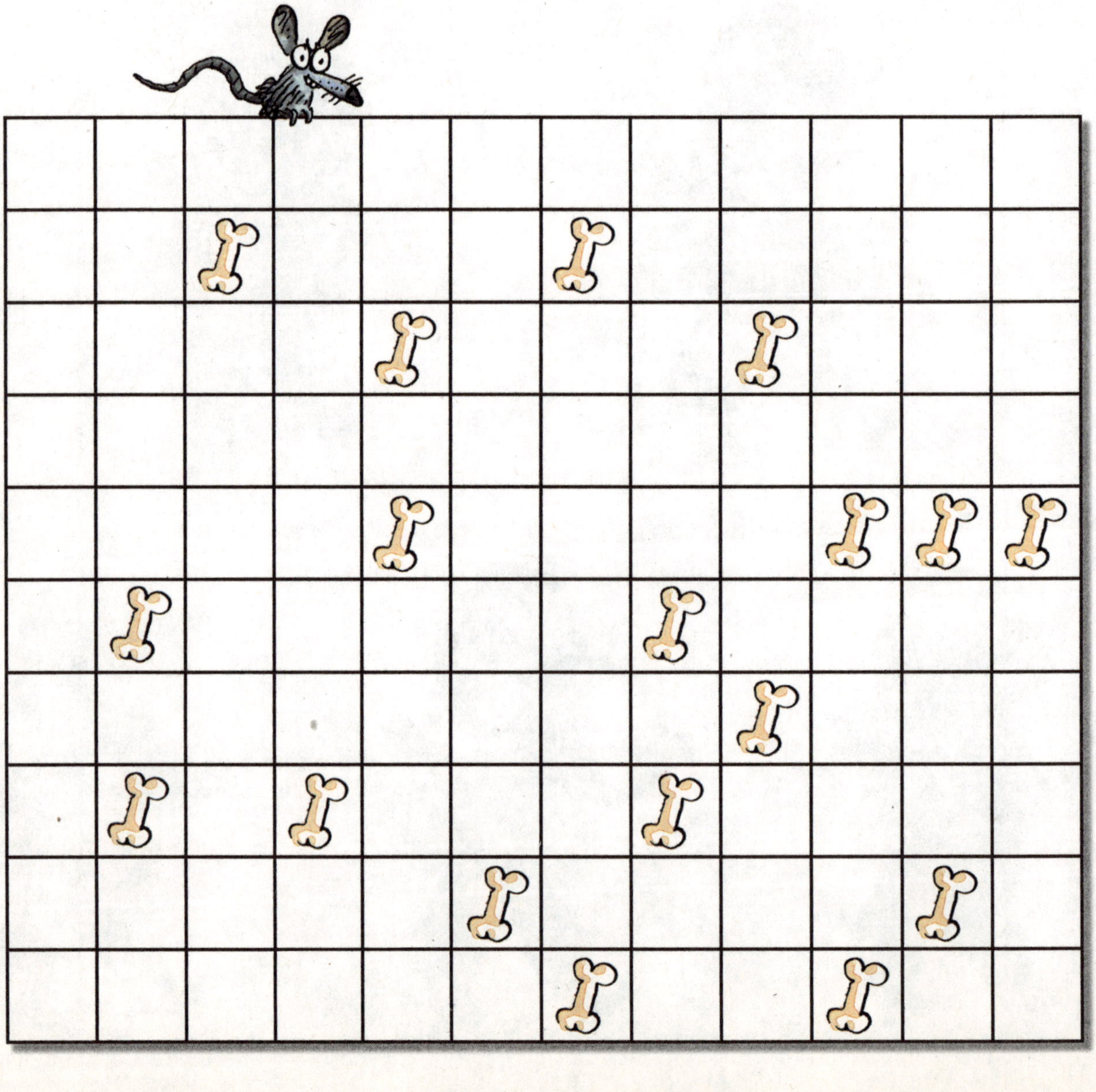

Regardez !

Dessine ce que Lili, Clara et Simon voient dans la rivière.

Carré magique

Écris une seule fois dans les cases vides, les chiffres de 1 à 9 en gardant le chiffre 5 au milieu. Attention, en additionnant les 3 chiffres horizontalement et verticalement, tu dois toujours obtenir 15.

N	!	A
I	5 N	F
T	E	N

Pour savoir ce que pense Max, écris les lettres en suivant l'ordre des numéros.

Pompon, le chat

Dessine Pompon dans la grille vide en t'aidant des cases des trois autres grilles et colorie-le.

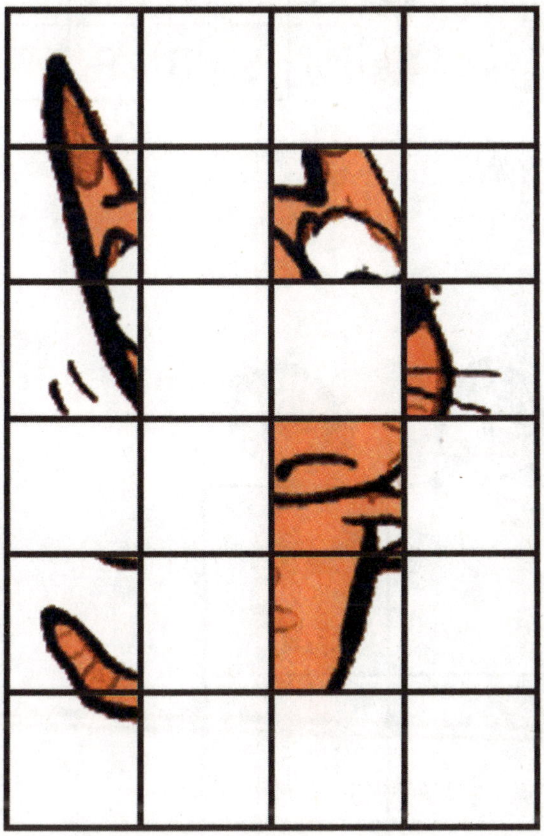

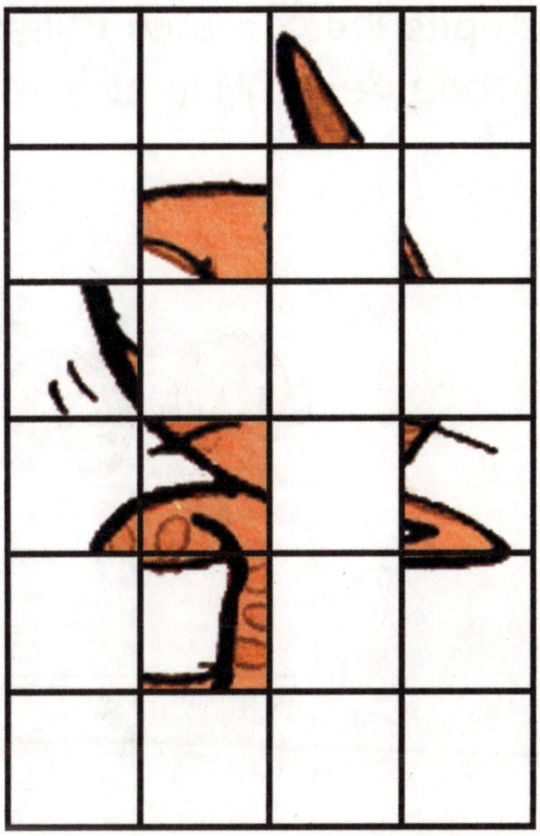

Code cadeau

Pour savoir ce que Max, Lili, Clara, Marlène et Koffi rêvent de recevoir pour leur anniversaire, remplis les cases en utilisant le code de la grille et lis de haut en bas.

	1	2	3	4	5
★	E	J	U	R	I
♥	K	N	O	A	L
●	M	S	B	P	T

● 3	● 4	● 3	★ 2	● 3
♥ 4	♥ 4	♥ 4	♥ 3	★ 5
● 5	♥ 5	♥ 5	♥ 1	♥ 5
★ 1	● 1	♥ 5	♥ 4	♥ 5
♥ 4	★ 1	♥ 3	★ 4	★ 1
★ 3	● 2	♥ 2	★ 5	● 2

T. V. B. !*

Imagine ce que Lili et ses ami(e)s écrivent à leurs parents après une semaine passée en camp de vacances.

* Tout va bien !

Happy English !

Pour savoir ce que signifient ces mots anglais, suis le fil jusqu'à l'image correspondante.

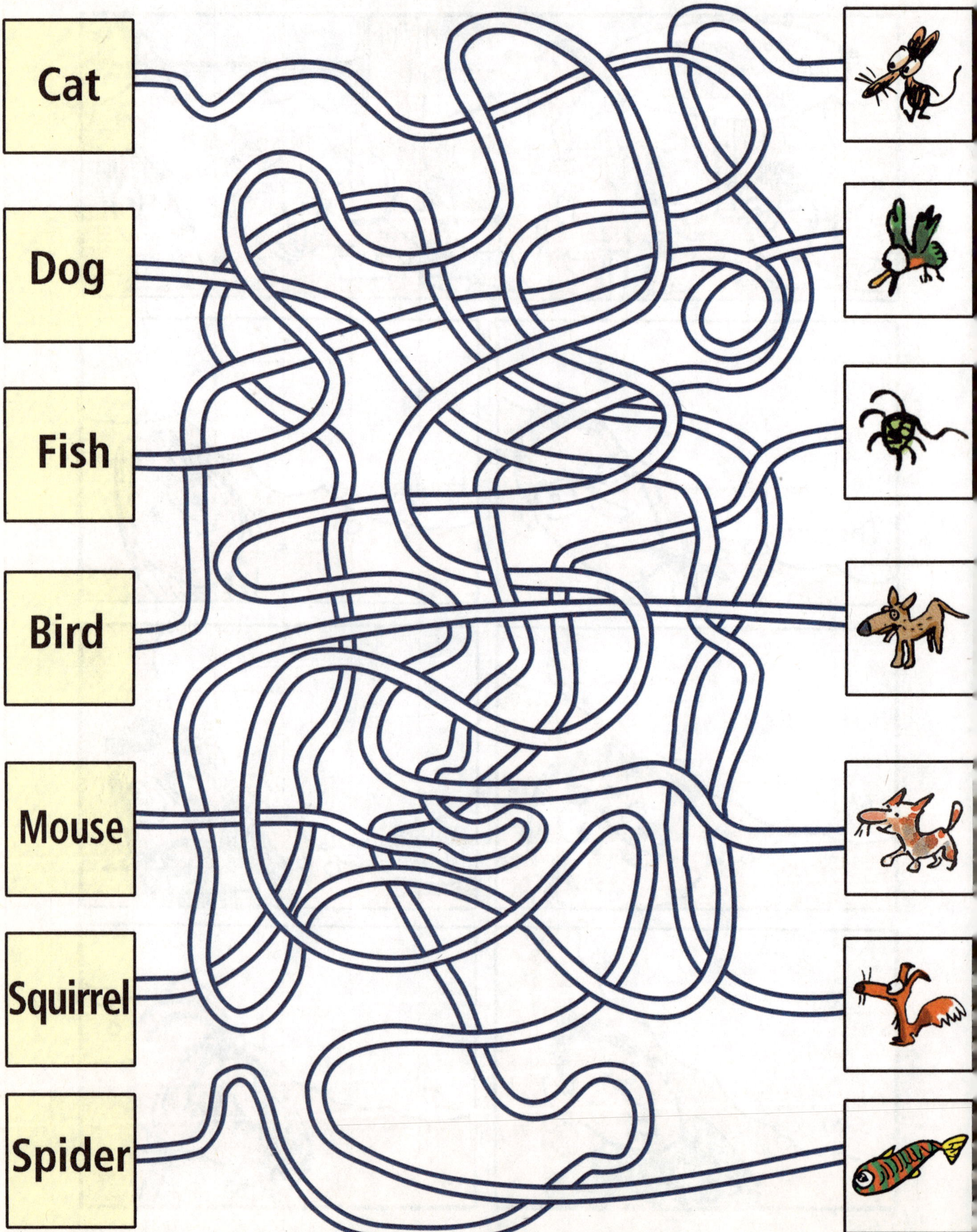

Mots cassés

Recompose ce mots croisés avec les pièces ci-dessous.

La fête de famille

Lis toutes les phrases, cherche qui les dit, puis écris le bon texte dans les bulles blanches.

A. Victor, on va faire un foot ?
B. Tiens, voilà Tante Sophie et Tonton Jeannot !
C. OUAF !
D. Pas grave, Jean !
E. Mais Popi n'aime que la pêche !
F. Pourquoi elle a mis le même T-shirt que moi, Maman ?
G. Merci, Sophie ! Léa, peux-tu aussi prendre la salade !

H. J'aime trop être sur les genoux de Mamie !
I. Barbara, je viens t'aider !
J. Ouais, Max, j'ai apporté mon ballon !
K. Salut Paul, excuse notre retard !
L. Avec Mamie, nous partons au bord de la mer !
M. L'eau sera encore froide !

À toi les bulles !

Imagine les dialogues de chaque situation
et écris-les dans les bulles.

AAAAAAHH !!!!

Retrouve, cachés dans cette grille, les 17 mots de la liste. Tu peux les lire horizontalement, verticalement, en diagonale, à l'envers ou à l'endroit. Il te restera 8 lettres inutilisées avec lesquelles tu trouveras le nom d'un animal qui ne fait pas peur à Lili.

CAUCHEMAR
CROCODILE
DRACULA
DRAGON
FANTÔME
LION
LOUP
MONSTRE
NOIR
OGRE
POISONS
PUCE
RAT
SORCIER
SOURIS
VAMPIRE
VOLEUR

L	E	R	T	S	N	O	M
O	D	U	A	O	T	A	R
U	R	E	I	U	C	E	S
P	A	L	R	R	R	N	R
E	G	O	A	I	O	E	A
R	O	V	P	S	C	I	M
G	N	M	I	U	O	G	E
O	A	O	P	N	D	E	H
V	P	E	N	O	I	R	C
D	R	A	C	U	L	A	U
S	O	R	C	I	E	R	A
E	M	O	T	N	A	F	C

Max doesn't like school (7) Max n'aime pas l'école

Colorie cette histoire de Max et Lili en anglais. Lis la traduction en dessous.

1

Max : Dépêchez-vous, vous allez être en retard !
Paul : Il faut que j'y aille, à cette réunion, moi ?
Barbara : Ah, oui !
Max : Ah ! Ah ! tu ne veux pas aller à l'école ?...

2

Maîtresse : Je vais vous expliquer ma méthode de travail... et des mots qui sont peut-être nouveaux pour vous...

3

Maîtresse : C'était bien de se parler !
Maîtresse : Max, tu es venu chercher tes parents ?
Max : Pour voir s'ils avaient tout compris !

4

Paul : Ouh ! c'est épuisant, l'école...
Max : Question de méthode !

« Eau » secours !

Aide la mère poisson à retrouver ses petits.
Mais attention aux piranhas !

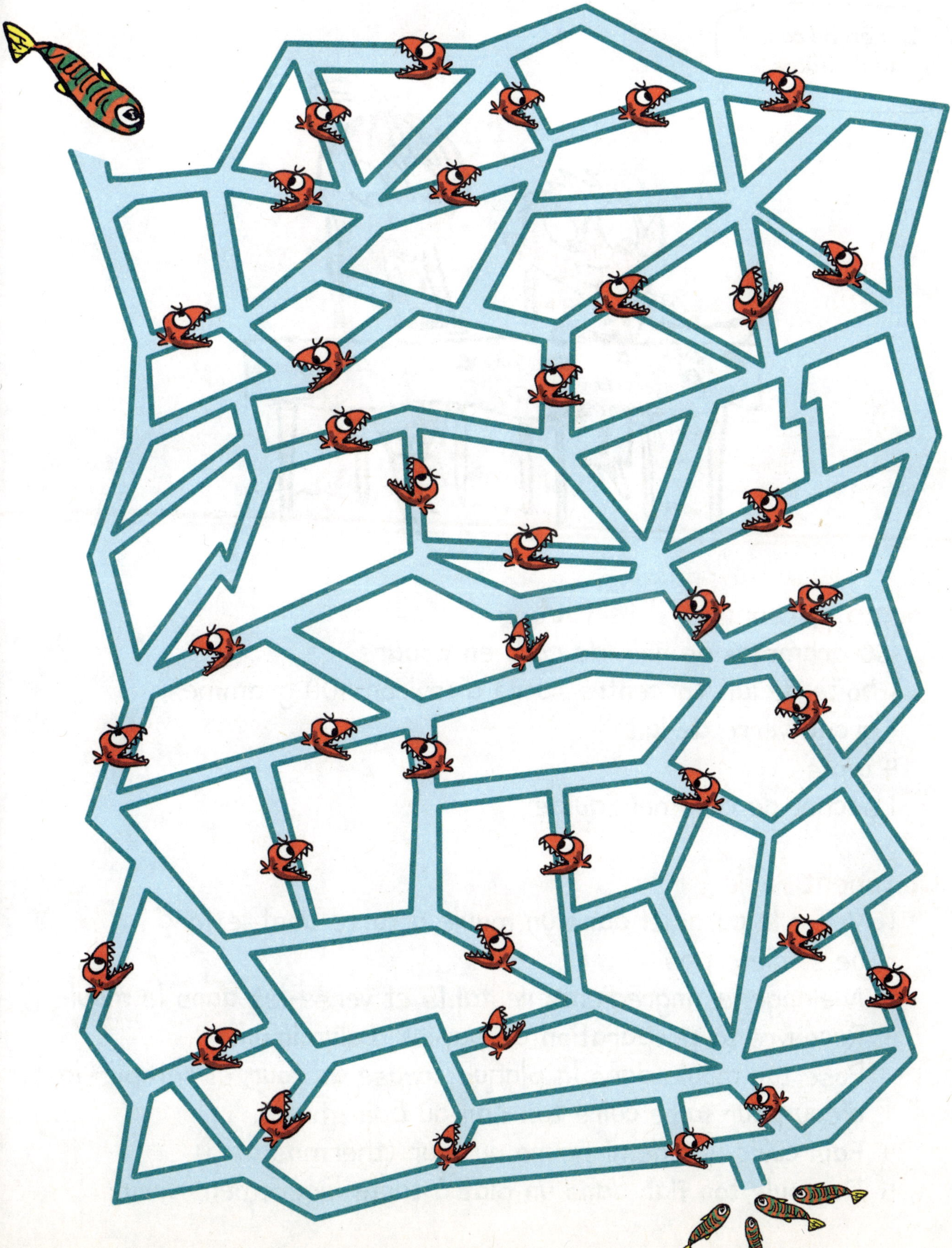

Le flan à la noix de coco

Suis toutes les étapes de cette recette Max et Lili pour faire un flan bien moelleux.

• Pour 6 personnes, il te faut :

150 grammes de noix de coco en poudre
1 boîte de lait concentré sucré d'environ 400 grammes
1 grand verre de lait
4 œufs
1 sachet de caramel liquide

• Comment faire ?

1 Verse le caramel dans un moule à tarte dont le fond ne s'enlève pas.
2 Mélange les ingrédients restants et verse-les dans le moule.
3 Recouvre ta préparation de papier d'aluminium. Pose ton moule dans la plaque creuse du four, et remplis-la d'eau pour faire cuire ton flan au bain-marie.
4 Fais cuire une demi-heure au four (thermostat 6).
5 Démoule ton flan dans un plat à tarte légèrement creux.

Le calumet de la paix

Observe bien cette image pendant 2 minutes, puis tourne la page pour répondre aux questions (les questions ne portent pas sur le texte des bulles).

... Questions...

Avant de lire ces questions, observe pendant 2 minutes l'image de la page précédente.

		OUI	NON
1	Max est-il en pyjama ?	❑	❑
2	Y a-t-il un camion de pompiers dans la chambre de Max ?	❑	❑
3	La voiture de Max est-elle jaune ?	❑	❑
4	Est-ce que Max pleure ?	❑	❑
5	Y a-t-il plus de trois feutres sur le sol ?	❑	❑
6	Pluche le chien, est-il là ?	❑	❑
7	Les parents de Max sont-ils tous les deux présents ?	❑	❑
8	Lili est-elle assise sur son lit ?	❑	❑
9	Est-ce que Max mange une glace ?	❑	❑
10	Y a-t-il deux chaussettes qui traînent ?	❑	❑

À tout cœur !

Chaque cœur doit être entouré de huit amoureux différents, numérotés de 1 à 8.

5	6	3	8	6			7	6
7	♥	1	♥	5	♥	8	♥	1
8	4	2		7		2		5
	♥		♥		♥	1	♥	6
7		5	3		5		7	
8	♥		♥	7	♥	1	♥	
	2		2		4	2	4	
	♥	3	♥	6	♥		♥	6
4	5			5		1	3	

Où est le sac ?

Lis cette histoire et remets les vignettes dans l'ordre de 1 à 14.

14

1

Lili, ma mère, hier, je l'ai vue pleurer...
Ma pauvre, ça c'est le pire !

Un peu bizarre, la Marion ! Elle est nouvelle à l'école ?
Et tête en l'air... elle risque de le perdre, le trésor !

Et l'argent, elle s'en fiche, avec la maison qu'elle a !?
Vite, il faut le retrouver ! On sait où elle habite...

10

C'est ton père que t'as été voir en Amérique ?
Non, mon père, je sais même pas qui c'est. C'était pour de faux, je ne suis pas partie en vacances...
BEURK !

Non, pas ici ! Mais il y a un studio à côté avec une mère et sa fille...

Ben, chez moi, c'est tout petit... on n'a pas trop d'argent en ce moment...
Je commence à comprendre... Alors, le sac, tu l'as mis où ?
Dans la voiture !
Ah bon ?

Vous ne direz rien sur moi à l'école, hein ?
O.K., mais y a pas de honte ! Et si tu veux, ce qu'on a gagné, nous, on t'en donne la moitié !

Casse-tête

Relie par un trait 2 voitures de la même couleur.
Les chemins ne doivent ni se croiser, ni se chevaucher, ni être en diagonale.
Toutes les cases de la grille doivent être traversées.

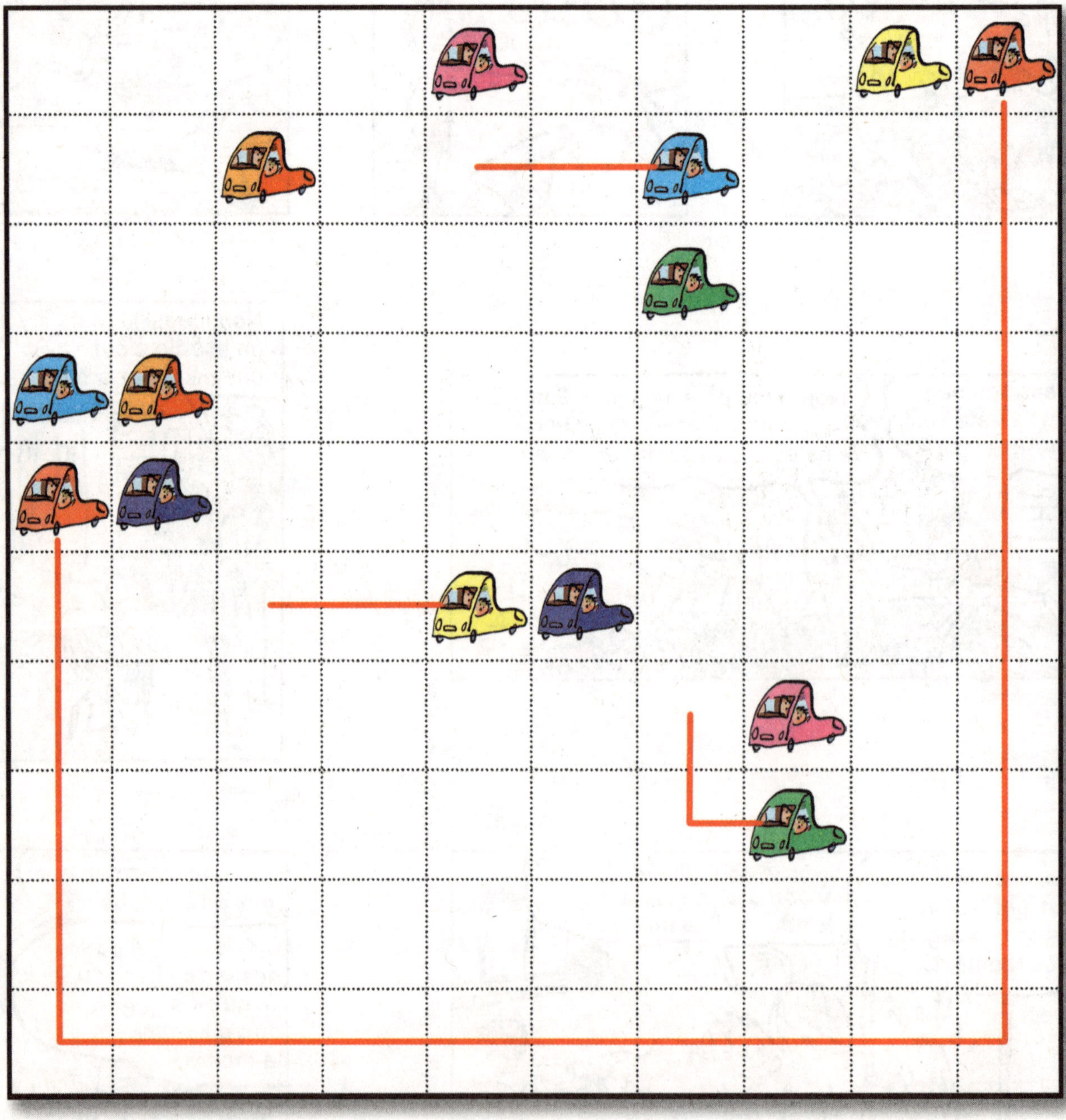

Tirs au but

Jérôme, Nicolas, Max, Jérémy et Koffi ont joué au foot tout l'après-midi. Combien de buts ont-ils mis chacun ? Quel est le gagnant ?

	Jérôme	Nicolas	Max	Jérémy	Koffi
Nombre de buts :					

Zigzou

Retrouve la bonne ombre de Zigzou.

Maximonstre

Pour dessiner Max déguisé en monstre, reproduis dans chaque petit carré le morceau de dessin correspondant.

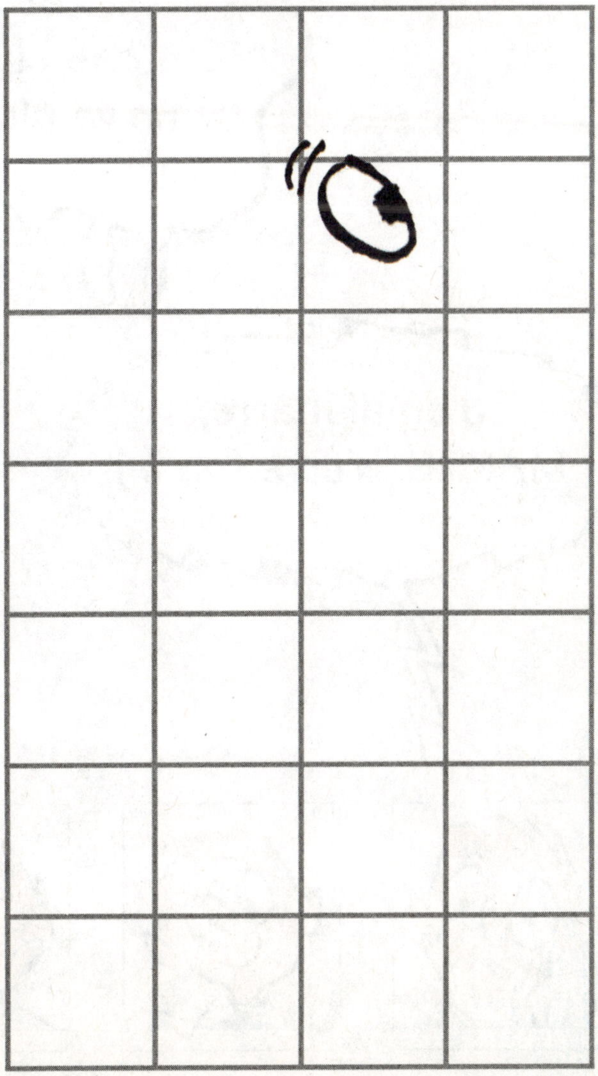

Bulles déguisées

Lis le texte de chaque bulle et observe sa forme. Regarde les expressions de Max et trouve quelle bulle va avec quelle tête.

Ah, ce Max !

Imagine ce que les filles pensent de Max
dans son rêve éveillé.

Étoiles filantes

Colorie les étoiles à cinq branches et tu sauras combien d'étoiles filantes les garçons ont aperçues lors de leur nuit à la belle étoile.

Une glace à 2 boules !

Si Marlène suit bien les indications et le sens des flèches, elle ne devrait pas manger trop de vers de terre !

2↓ • 2← • 1↓ • 3← • 1↓ • 1← • 1↓ • 4→ •

1↓ • 1← • 1↓ • 2→ • 1↓ • 4← •

2↑ • 3← • 2↓ • 1→ • 2↓ •

3→ • 1↓ • 2→ • 1↑ •

1→ • 2↓ •

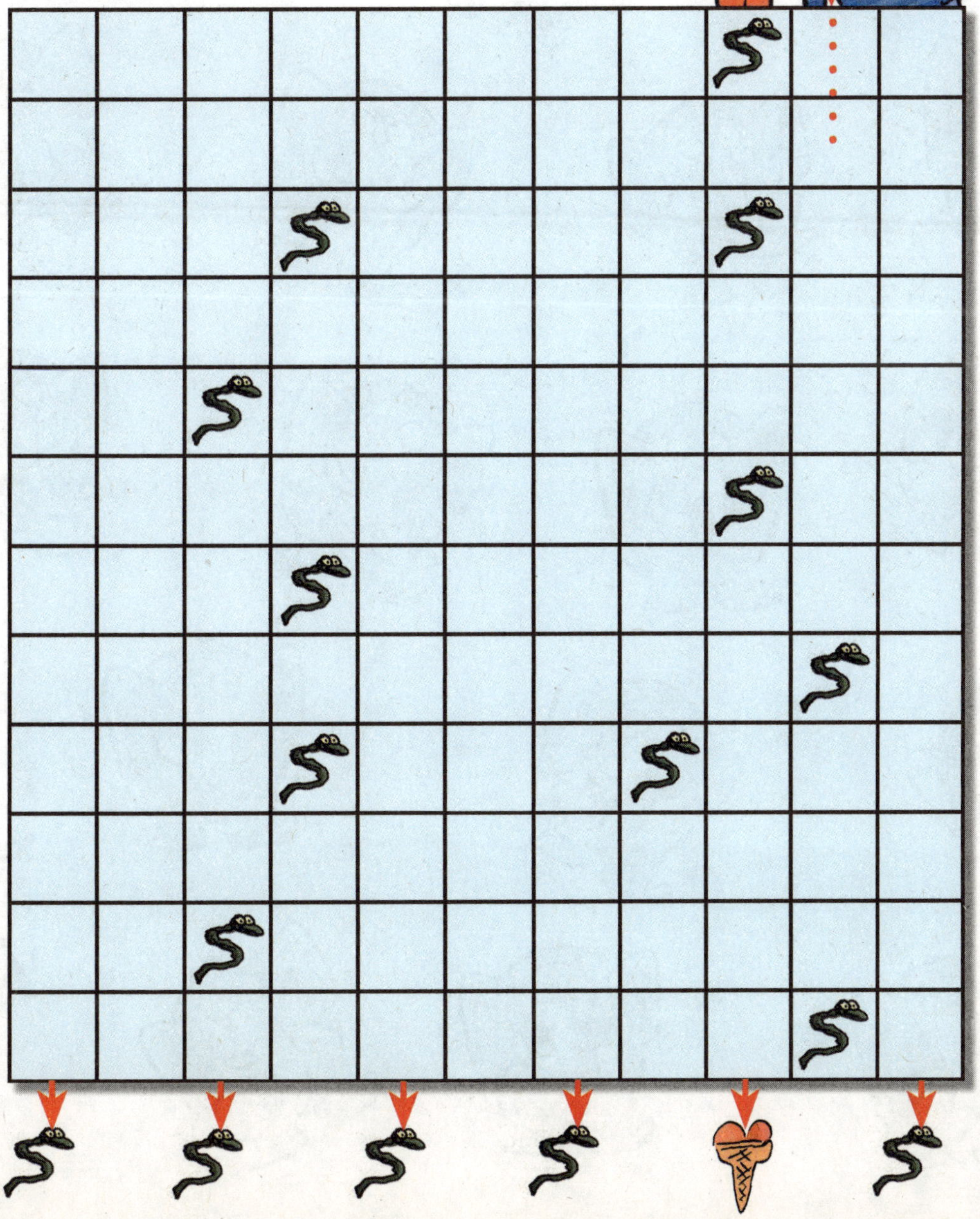

Un éléphant, ça trompe énormément

Un seul éléphant n'a pas son double, c'est celui que Kim veut.

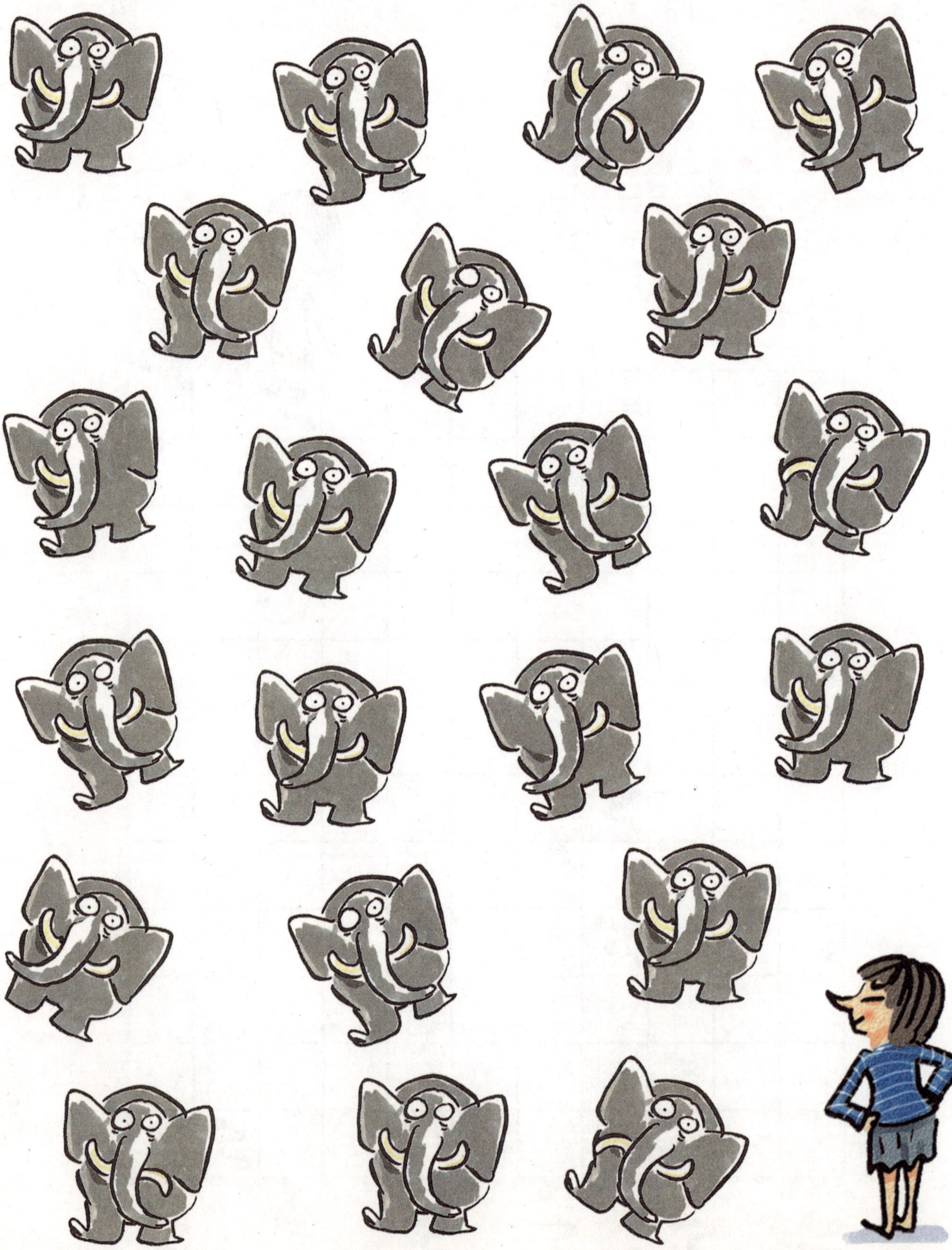

L'exposé de Koffi

Dessine les masques que Koffi a rapportés
de son pays d'Afrique, le Mali.

Je dessine Max et Lili

Complète les silhouettes de Max et Lili.

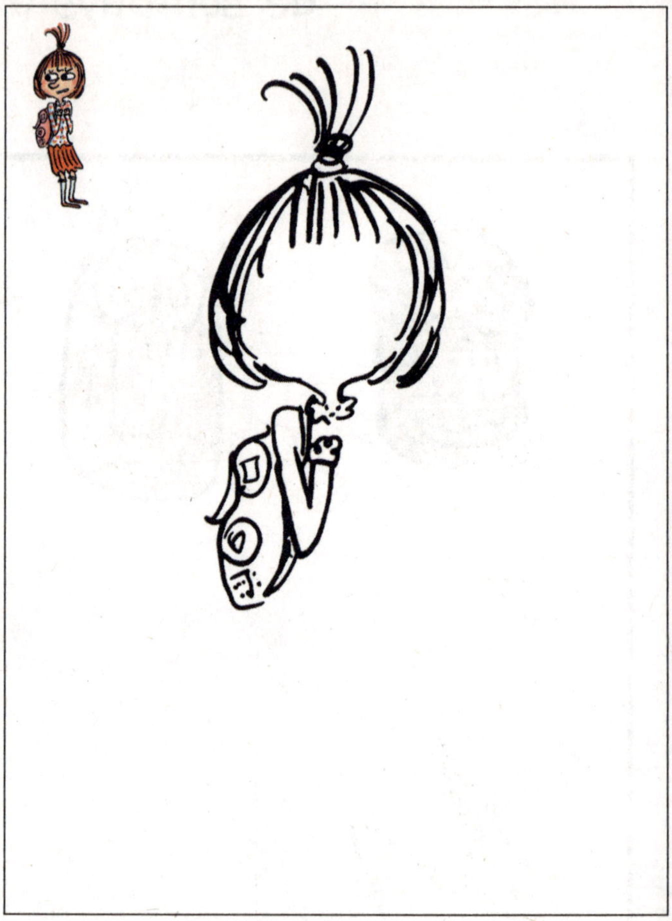

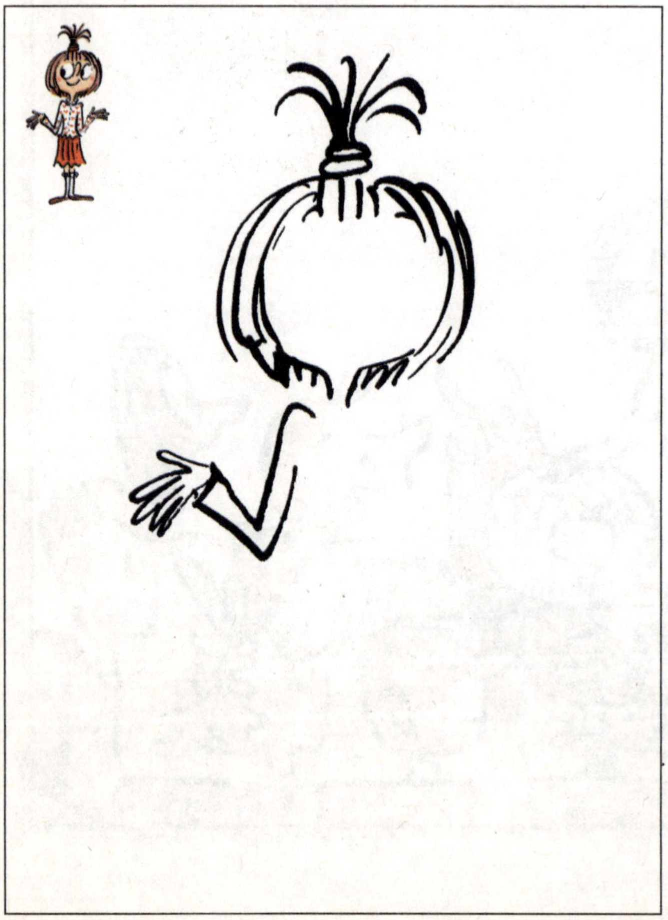

Les blagues de Pluche et Pompon

Le roi de la jungle

Relie les points de 1 à 99 et tu découvriras qui se cache derrière cette image.

Solutions

Solution page 3

Bérénice

Solution page 4

Solution page 7

Solution page 8

1 vrai – 2 faux, il mesure maximum 1mètre 60 – 3 faux, ce sont les dents – 4 vrai – 5 vrai (ou girafeau) – 6 faux – 7 faux, la langue fait 2 fois la longueur de son corps – 8 vrai – 9 faux, c'est de la graisse – 10 faux, il en a trois – 11 vrai – 12 vrai – 13 faux – 14 faux, elle a un petit tous les trois ans – 15 faux.

Solution page 9

Solution page 10

Solution page 11

Les images **3** et **5** sont identiques.

Solution page 14/15

Il y a **42** paires de jumeaux et **7** enfants seuls.

Solution page 20

Solution page 22

R	A	R	E
E	G	A	L
N	U	E	S
D	O	U	E
E	M	U	E
Z	O	Z	O

V	I	D	E
O	B	E	I
U	S	E	E
S	A	L	É

A	M	I	S
U	N	I	S

H	A	U	T
A	V	E	C
N	O	I	R
G	R	O	S
A	M	E	R
R	I	R	E

Solution page 23

La bonne ombre est la numéro **7.**

Solution page 25

C	A	N	A	R	D	
C	A	N	I	C	H	E
C	H	E	V	A	L	
C	H	I	E	N		
C	I	G	O	G	N	E
C	H	E	V	R	E	
C	H	A	T			
C	H	A	C	A	L	
C	R	A	B	E		
C	A	L	A	O		

Solution page 27

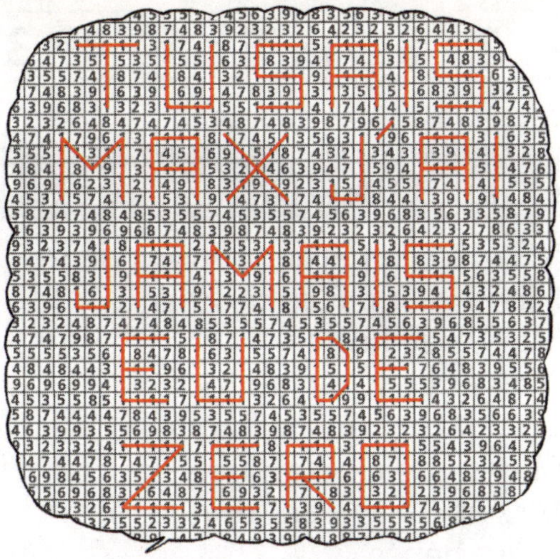

Solution page 28

1	2	3	6	2	5	6	2	5
8		4		1		7		8
7	6	5	7	8	3	4	1	3
1		2		1		2		6
8	4	3	4	6	5	7	5	8
2		1		8		1		2
6	5	7	5	2	4	3	4	6
4		1		6		1		7
8	2	3	4	8	7	5	2	8

Solution page 30

1 Tut-tut ! • 2 Clap-clap ! • 3 Toc-toc ! • 4 Badaboum ! • 5 Pif paf ! • 6 Dring ! • 7 Teuf-teuf ! • 8 Atchoum ! • 9 Jboing ! • 10 Plouf ! • 11 Hip hip hip... Hourra ! • 12 Miam-miam !

Solution page 31

S	A	I	S	O	N
O	R	N	E	■	O
U	T	■	L	O	T
R	■	P	■	D	E
D	O	U	T	E	S
S	U	R	E	S	■

Solution page 32

Solution page 33

32 boîtes à chaussures.

Solution page 34/35

Solution page 37

Solution page 41

Solution page 45

Solution page 47

6	2	8	1	5	5	4	3

Solution page 48/49

A Max va à la pêche avec son père
B Lili ne veut pas se coucher
C Max va à l'hôpital
D Max a la passion du foot
E Lili fait des cauchemars
F Max a une amoureuse
G Max et Lili veulent tout savoir sur les bébés
H Max n'aime pas lire
I Max et Lili ont volé des bonbons
J Lili veut protéger la nature
K Max se bagarre
L Max est casse-cou
M Lili va chez la psy
N Lili se dispute avec son frère
O Max est fou de jeux vidéo
P Max et Koffi sont copains
Q Max n'aime pas perdre
R Lili regarde trop la télé
S Lili trouve sa maîtresse méchante
T Lili découvre sa mamie
U Les parents de Max et Lili se disputent
V Lili ne veut plus aller à la piscine
W Max et Lili sont perdus
X Le cousin de Max et Lili se drogue
Y Lili veut de l'argent de poche

Solution page 51

Solution page 52

B R A V O — 25.9.26.5.12
P A P A — 11.26.11.26
O N — 12.13
L E — 15.22
T I E N T — 7.18.22.13.7
N O T R E — 13.12.7.9.22
N U M E R O — 13.6.14.22.9.12
D E — 23.22
C I R Q U E — 24.18.9.10.6.22

I L — 18.15
E S T — 22.8.7
A U S S I — 26.6.8.8.18
T R È S — 7.9.22.8
J O U E U R — 17.12.6.22.6.9
N O T R E — 13.12.7.9.22
P A P A — 11.26.11.26

Solution page 53

Le chemin de l'amour est le numéro **3**.

Solution page 54

Table – **A**vancer – **S**pectacle – **V**ent – **U**rgent – **M**édiocre – **O**euf – **N**otes – **L**ogement – **O**ngle – **O**iseau – **K**angourou.

T'AS VU MON LOOK ?

Solution page 55

La bonne ombre est la numéro **6.**

Solution page 56

1 faux – 2 faux – 3 faux – 4 vrai – 5 faux, il chante pour délimiter son territoire – 6 vrai – 7 faux – 8 vrai – 9 faux – 10 faux, il glapit – 11 faux, c'est le taureau – 12 faux, il cancane, c'est la poule qui caquette – 13 vrai – 14 vrai – 15 faux, elle donne du lait après avoir eu son premier veau.

Solution page 57

Solution page 58

1	8	7	1	8	5	1	5	4
2		6		2		6		3
3	4	5	4	3	4	7	2	8
8		1		6		1		6
7	6	2	7	8	2	5	3	4
8		1		4		1		2
4	5	3	5	6	3	7	6	8
6		1		2		1		2
2	7	8	7	4	8	5	3	4

Solution page 60

1a – 2c – 3c – 4b – 5a – 6c – 7c – 8c – 9a – 10c – 11b – 12a.

Solution page 61

Clara : Oh, là, là, Max, tu es trop casse-cou ! Tu as dû te faire un de ces mals !
Lili : Ton genou est tout échorché !
Max : Ouuuh ! Je saigne, j'ai mal ! Au secours !

Solution page 62

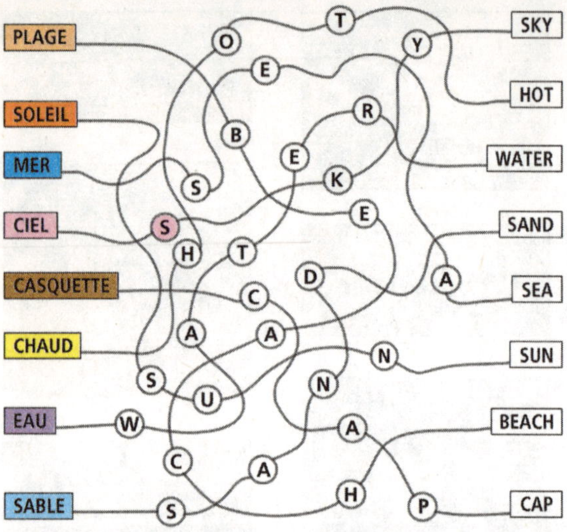

Solution page 63

Les images **2** et **8** sont identiques.

Solution page 69

Solution page 70/71

Une école pour les filles, une cantine pour l'école.

Solution page 72

OUAIS ON A GAGNÉ LE MATCH RETOUR !

Solution page 73

Solution page 74

1a – 2b – 3a – 4c – 5b – 6a – 7c – 8b – 9b – 10a – 11c – 12b.

Solution page 75

Solution page 76

1 vrai – 2 faux – 3 vrai – 4 vrai – 5 vrai, cette lumière est produite par une réaction chimique à l'intérieur de son abdomen – 6 faux, 30 km/heure – 7 vrai, la tête, le thorax et l'abdomen – 8 faux – 9 vrai – 10 faux, elle peut sauter 100 fois sa longueur – 11 faux, le mille pattes peut avoir jusqu'à 100 pattes – 12 vrai – 13 vrai – 14 vrai – 15 vrai.

Solution page 79

1	K	T	M	K	E	R
2	A	G	Y	T	Y	A
3	E	I	M	I	D	J
4	F	E	L	N	P	R
5	Q	S	V	B	S	V
6	O	Z	X	H	X	Z
7	F	G	U	N	P	J
8	Q	W	L	H	C	W

Tête de bouc.

Solution page 80

Solution page 81

Solution page 83

P	L	U	C	H	E	P	O	P	L	U	C
O	O	P	O	U	H	O	P	U	U	E	O
M	U	U	O	P	O	P	L	U	C	H	E
P	O	M	P	O	N	O	U	U	P	C	U
O	L	N	L	O	U	O	C	O	L	U	P
N	O	U	U	L	O	E	H	C	U	L	P
O	O	U	C	U	O	O	E	U	C	P	O
U	P	L	H	H	P	N	U	U	H	O	M
O	U	U	E	O	E	O	O	U	E	O	P
N	O	P	M	O	P	O	P	P	U	O	O
P	U	O	P	O	U	O	O	E	M	P	N
O	O	M	U	L	M	O	U	H	O	O	U
M	U	P	O	P	O	H	O	C	C	M	P
P	O	O	O	U	E	H	C	U	L	P	O
O	H	N	U	O	U	U	O	L	C	O	C
N	U	O	N	O	P	M	O	P	C	N	C

Solution page 84

1	2	3	4	5	6
O	B	S	É	D	É

7	8	9	10	11	12
S	E	X	U	E	L

Solution page 85

La bonne ombre est la numéro **5.**

Solution page 86

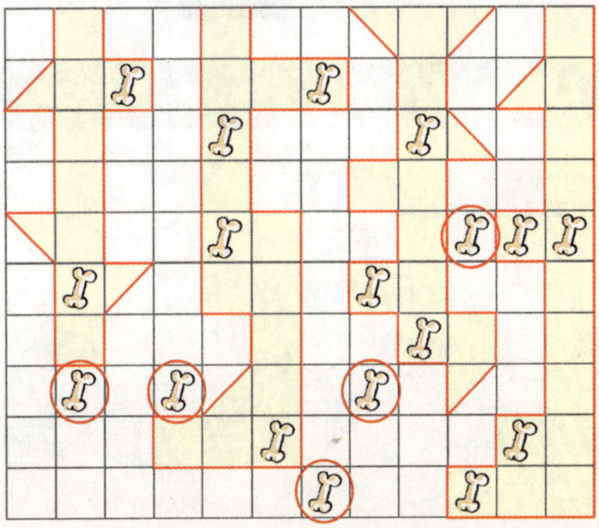

Solution page 88

2 (N)	9 (!)	4 (A)
7 (I)	5 (N)	3 (F)
6 (T)	1 (E)	8 (N)

ENFANTIN!

Solution page 90

● 3 B	● 4 P	● 3 B	★ 2 J	● 3 B
♥ 4 A	♥ 4 A	♥ 4 A	♥ 3 O	★ 5 I
● 5 T	♥ 5 L	♥ 5 L	♥ 1 K	♥ 5 L
★ 1 E	● 1 M	♥ 5 L	♥ 4 A	♥ 5 L
♥ 4 A	★ 1 E	♥ 3 O	★ 4 R	★ 1 E
★ 3 U	● 2 S	♥ 2 N	★ 5 I	● 2 S

Solution page 93

A	N	I	M	A	L
V	A	S	E	■	E
I	V	■	R	■	V
O	I	S	E	A	U
N	R	■	S	U	R
S	E	S	■	■	E

Solution page 94/95

Solution page 97

L	E	R	T	S	N	O	M
O	D	U	(A)	O	T	A	R
U	R	E	I	U	C	E	S
P	A	L	(R)	R	R	N	R
E	G	O	(A)	I	O	E	A
R	O	V	P	S	C	(I)	M
G	N	M	I	U	O	(G)	E
O	A	O	P	(N)	D	(E)	H
V	P	(E)	N	O	I	R	C
D	R	A	C	U	L	A	U
S	O	R	C	I	E	R	A
E	M	O	T	N	A	F	C

Araignée.

Solution page 99

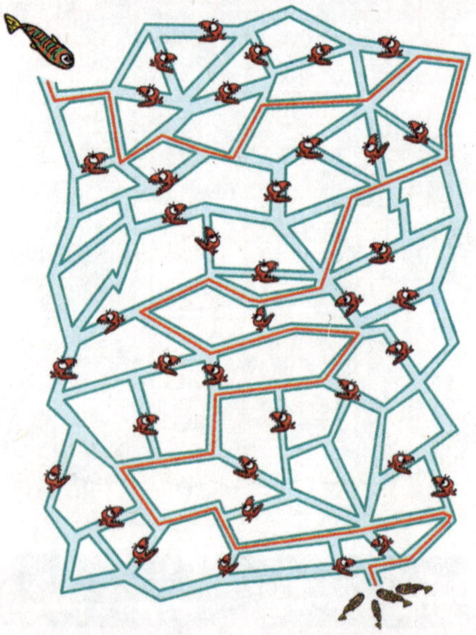

Solution page 103

5	6	3	8	6	1	3	7	6
7	♥	1	♥	5	♥	8	♥	1
8	4	2	4	7	4	2	4	5
6	♥	1	♥	8	♥	1	♥	6
7	3	5	3	6	5	3	7	8
8	♥	4	♥	7	♥	1	♥	6
6	2	1	2	8	4	2	4	5
8	♥	3	♥	6	♥	7	♥	6
4	5	7	4	5	3	1	3	8

Solution page 104/105

Solution page 106

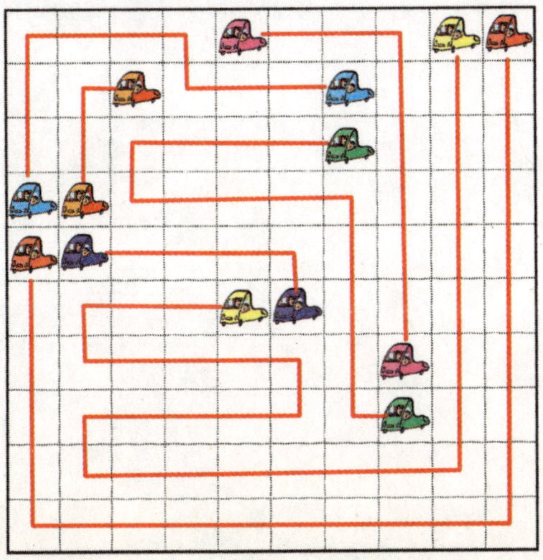

Solution page 107

	Jérôme	Nicolas	Max	Jérémy	Koffi
Nombre de buts :	8	9	12	11	10

Solution page 108

La bonne ombre est la numéro **5.**

Solution page 110

3	1	2	5	4

Solution page 112

Les garçons ont vu **319** étoiles filantes.

Solution page 113

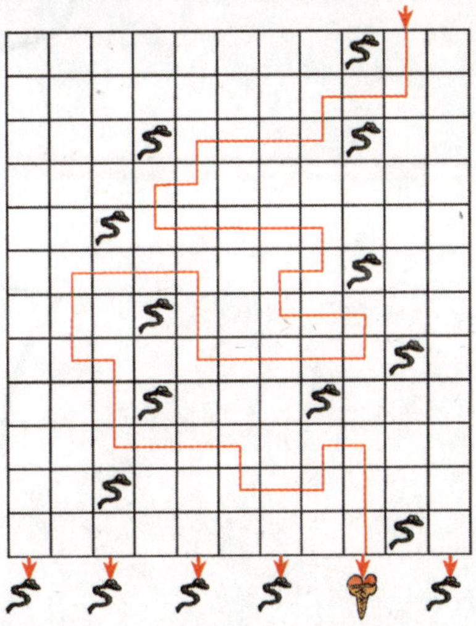

Solution page 114

Et voilà ! Rendez-vous au prochain numéro !